B·e·r·t·o·l·t B·r·e·c·h·t

브레히트 선집

한국브레히트학회 편

연극과인간

발 간 사

우리나라에서 처음에는 희곡작가 혹은 연극인으로서 소개되었던 브레히트가 시인으로서도 특별나다는 것은 이제는 많은 사람이 아는 사실이 되었다. 독일에서 브레히트는 1970년대 후반에 이미 시인으로서 인식되기 시작했고, 90년대에 이르러서는 희곡 작가로서보다도 시인으로서 더 의미 있는 평가를 받기에 이른다. 비슷한 시기에 우리나라에도 브레히트 연구자들을 통해 브레히트의 시가 소개되었다.

『브레히트 선집』 희곡과 영화 편에 이어 4년 만에 발간되는 이 시 선집은 브레히트의 <신전집> 제11, 12권에 수록된 주요 시집 9편을 우리말로 옮겼으며, 여기에다 시집에 수록되지 않은 40여 편의 개별시를 제13, 14, 15권에서 발췌하여 더했다. <신전집> 30권 중 5권(제11-15권)에 수록된 2,300여 편의 방대한 시를 다 수록하지 못해 아쉽기는 하지만, 가장 핵심적인 시집들을 중심으로 부족 어려운 작업을 거쳐 브레히트의 주요 시 대부분을 두 권의 선집에 모아놓은 것만으로도 나름 의미를 갖는다고 자평해본다.

우선 그 동안 개별 시로서 또는 발췌된 시집으로서 산발적으로 소개

되었던 브레히트의 주요시집을, 수록 시집 전체를 번역·수록한 온전한 모습으로 독자들에게 제공하였다. 이로써 국내 독자들도 브레히트의 시 세계를 보다 일목요연하게 접할 수 있게 되었으며, 우리 학회가 간행한 『브레히트 선집-희곡』에 수록된 희곡들과의 상호텍스트성까지도 읽어낼 수 있게 되었다. 이것이야 말로 이번 시 선집 발간의 의미라고 할 수 있을 것이다. 중의적 의미를 가진 시어에 대한 제한된 번역이 갖는 태생적 번역의 한계는 그 시에 대한 연구가 풀어줄 수밖에 없다는 자조 섞인 반성을 피할 수는 없지만, 그래도 이번 번역이 한국 브레히트 시 연구에 있어서도 새로운 기원이 되리라 믿고 또 희망해본다.

브레히트의 방대한 양의 시를 한 마디로 일반화시켜 특징지을 수는 없지만, 그의 시는 외부의 어떤 계기를 이용하여 소통을 추구하는 '기회시 Gelegenheitsgedicht'라는 특징을 갖는다. 그 계기는 사랑이기도 했고, 자연이기도 했으며, 사회적 상황이기도, 정치적 상황이기도 했다. 이러한 특징을 가진 브레히트의 시는 시를 아름다운 낭만 세계로부터 치열한 현실의 세상으로 끌어들여와 시를 통해 독자와 소통하려는 작가의 의도를 뚜렷하게 드러내고 있다. 브레히트가 희곡이나 이론서에서와는 달리 시에서는 실험성과 전위성을 자제하면서 전통을 존중하는 창작 태도를 보인다든지, 쿠르트 바일이나 한스 아이슬러 등의 음악가들과 함께 자신의 시에 음을 싣는 작업에 열심이었던 것은 자신의 시가 소통의 수단으로 사용되도록 하려는 의도에 기인한다. 이렇게 브레히트는 시의 사용가치를 중시하였는데, 자신의 첫 시집 『가정기도서』에 '사용지침'을 첨부하면서, 더욱이 그 첫 문장을 "이 가정기도서는 독자들이 사용할 수 있도록 만들어진 것이다. 무의미하게 처먹어버려선 안 된다."라고 시작하면서까지 시의 사용가치를 중시했다. 그렇기 때문에 괴테, 노발리스 등의 낭만주의 시인들, 그리고 그 선상의 릴케, 나아가 표현주의 시와 파울 첼란을 통하여 서정시를 접한 독자들이 이러한 브레히트의 시를 정치 시로 여기는 것은 당연한 것일지도 모른다. 하지만 브레히트는 시의 서정성이 곧 현실에 대한 외면과 주관성으로의 도피를 뜻한다고 생각하지 않는다. 그런 의미에서 브레히트는 희곡장르의 서사극에서처럼 시 장르에서도 독일 시의 전통을 파괴하고 시를 보다 넓은 영역으로 인도한 실험적 시인이기도 했다.

이번에 발행되는 브레히트의 시는 시기적으로는 그의 전 생애를 아우르고 있다. 1898년에 태어나 1956년까지 지속된 그의 생애는 두 번의 세계대전과 파시즘, 미국망명, 독일의 분단 등 그야말로 격동기였다. 그러기에 이 시기에 쓰인 브레히트의 시는 예술과 현실정치가 한 편의 시에 어떻게 담길 수 있는지를 보여준다. 어떻게 한 편의 시가 정치 시이면서도 동시에 서정시일 수 있을까, 어떻게 하나의 시에 정치성과 서정성을 동시에 담아낼 수 있을까? 독자들은 두 권의 시 선집을 통해 이 질문에 대한 한 독일 시인의 대답을 얻을 수 있을 것이다.

어려운 여건 속에서도 원고를 주신 번역자 선생님들께 감사의 마음 전하며, 출판을 위해 여러 모로 힘써 주신 한국브레히트학회 연구 분과 이사 안상원 박사에게 고마움을 전한다. 그리고 출판계의 열악한 사정에도 불구하고 이번에도 기꺼이 본 번역 사업에 함께한 '도서출판 연극과 인간'에 존경의 마음을 드린다.

2014년 12월 26일

한국브레히트학회장 이정준

일러두기

1) 브레히트의 대표적인 두 전집 가운데『Brecht, Bertolt: Werke. Große kommentierte Berliner und Frankfurter Ausgabe in 30 Bden. Hrsg. v. Werner Hecht. u. a. Frankfurt a. M. 1988-2000』은 <신전집>으로,『Brecht, Bertolt: Gesammelte Werke in 20 Bden. Hrsg. v. Suhrkamp Verlag in Zusammenarbeit mit Elisabeth Hauptmann. Frankfurt a. M. 1967』은 <구전집>으로 표기했다.
2) 본 시 선집은 <신전집> 11-15권에 수록된 텍스트를 번역하였다.
3) 해설과 주해에서 브레히트의 희곡 작품이 언급될 경우에는『브레히트 선집-희곡』(1-3권)의 제목을 따랐다.
4) 새 페이지에서 새로운 연이 시작될 경우 한 글자 들여쓰기 하여 표시했다.

차례

스벤보르 시집

Svendborger Gedichte

김길웅 옮김

덴마크 초가지붕 아래로 도피하여, 친구들이여
그대들의 투쟁을 따른다. 여기서 내가 그대들에게
전에도 그랬듯이 가끔씩 몇 마디 말들을 보낸다. 해협과 숲 너머의
피투성이 얼굴에 쫓기며.
이 가운데 그대들에게 전해지는 것이 있으면, 조심스럽게 사용하라!
누렇게 바랜 책들, 토막소식들을 토대로
나는 글을 쓰니. 우리 다시 만나면
나는 기꺼이 다시 그대들에게서 배울 것이다.

스벤보르 1939.

I 독일 전쟁교본[1]

지체 높은 사람들에겐
먹는 것에 관한 이야기는 천박하게 느껴진다.
그들은 벌써
먹었기 때문이다.

지체 낮은 사람들은 이 땅을 떠나야 한다
좋은 고기도
못 먹어 보고.

이들은 아름다운 밤이면
너무도 피곤하여
어디에서 와서
어디로 가는지 생각할 겨를도 없다.

산맥과 대양을
채 보지도 못한 채
이들은 시대를 마감한다.

지체 낮은 사람들이
비천한 것을 생각하지 않으면,
이들은 결코 높아질 수 없다.

배고픈 사람들의 빵은 이미 다 먹고 없다
고기는 알지도 못한다. 쓸 데 없이
국민들은 땀을 흘렸다.
월계수 숲은
베어져 있다.

대포공장 굴뚝에선
연기가 피어오른다.

칠쟁이는 다가오는 위대한 시대를 운운한다[2]
아직은 숲은 자란다
아직은 밭고랑에 곡식이 열린다
아직은 도시가 서 있다
아직은 사람들이 숨을 쉰다.

달력에 그 날은 아직 표시되어 있지 않다
모든 달, 모든 날은
아직은 비어있다. 그 날 가운데 하나가
표시될 것이다.

노동자들은 빵을 달라고 아우성이다
상인들은 시장을 달라고 아우성이다
실업자들은 굶주렸다. 이제는

취업자들도 굶주린다.

수수방관하던 손이 다시 움직인다

포탄을 만든다.

식탁에서 고기를 뺏어가는 자들이

평화를 가르친다

은혜를 입은 자들이

희생의 용기를 요구한다

배불리 먹은 자들이 배고픈 사람들에게

다가올 위대한 시대를 운운한다

제국을 나락으로 몰고가는 자들이

평범한 사람들에게

다스리는 것이 너무 어렵다고들 말한다.

신분 높은 사람들은 말한다, 평화와 전쟁은

서로 다르다고

그러나 그들의 평화와 그들의 전쟁은

바람과 폭풍의 관계와 같다.

그들의 평화에서 전쟁이 자라나온다

어머니에게서 아들이 자라나오듯이

아들은

어머니의 끔찍한 모습을 지니고 있다.

그들의 전쟁은
그들의 평화가
남겨놓은 것을 죽일 따름이다.

칠쟁이가 확성기에 대고 평화를 운운하면

도로공사 인부들은 고속도로를 바라보며
무거운 탱크가 지나갈 수 있도록
무릎 높이까지 채워진 콘크리트를
쳐다본다.3)

칠쟁이가 평화를 운운한다
웅신거리는 등을 곧게 펴며
커다란 손을 대포의 포신에 대고
주물공들이 그의 말을 경청한다.

전투기 조종사들이 굉음을 낮추며
칠쟁이가
평화를 운운하는 소리를 듣는다.

벌목꾼들이 조용한 숲에서 귀를 기울이며 서 있다
농부들은 쟁기를 세우고 손을 귀에 갖다 댄다
여자들은 들판으로 식사를 가져가다 말고 멈춰 선다
파헤쳐진 밭고랑에는 확성기가 달린 자동차가 서 있다. 거기에서
칠쟁이가 평화를 요구하는 소리가 들린다.

신분 높은 사람들이 평화를 운운하면
비천한 국민들은
전쟁이 있을 것을 안다.

신분 높은 사람들이 전쟁을 저주할 때
소집명령장은 이미 씌어 있다.

신분 높은 사람들이
한 방에 모였다
거리의 사람들아
일체의 희망을 버려라.4)

정부는
불가침 조약을 체결한다.5)
평범한 사람들아
유언장을 써라.

찢어진 저고리를 입은 사람아,
직조공장에선
그대를 위한 피륙을 잣고 있는데
그대도 이 피륙을 찢어버릴 수 없다.

몇 시간에 걸쳐 찢어진 신발을 신고
일터로 달려가는 그대여, 그대를 위해

만든 자동차는 철판을 필요로 한다네.

아이들에게 우유 한 냄비를 주기 위해
그대는 커다란 병을 주조하네, 주조공이여
이 병은 우유를 위한 것이 아니네. 누가
이 병으로 우유를 마시겠는가?

담벼락에 분필로 쓰여 있다
그들은 전쟁을 원한다고.
이것을 쓴 사람은
이미 전사했다.

높은 분들은 말한다.
"명예로운 길이라고"
아랫사람들은 말한다
"무덤으로 가는 길이라고"

다가올 전쟁은
첫 전쟁이 아니다. 이 전쟁에 앞서
또 다른 전쟁들이 있었다.
마지막 전쟁이 끝나자
승자와 패자가 있었다.
패전자들 중에서도 신분 낮은 사람들은

굶주렸다. 승전자들 중에서도
신분 낮은 사람들은 굶주렸다.

신분 높은 사람들은 말한다. 군대에는
국민공동체가 지배한다고.
이 말의 진위를 그대는
부엌에서 깨닫는다.
가슴속에는
똑같은 마음이 있다고들 하지만
접시에는
두 가지 서로 다른 음식이 있다.

행진을 하게 되면, 많은 사람들이 모른다
그들의 적이 맨 선두에 서서 행진한다는 것을
그들에게 명령하는 목소리가
그들의 적의 목소리라는 것을
적에 관하여 말하는 사람
스스로가 적이라는 것을.

장군님, 당신의 탱크는 튼튼합니다.
숲을 무너뜨리고 수백 명의 사람들을 깔아뭉갭니다.
하지만 하나의 실수가 있으니
운전병을 필요로 한다는 점입니다.

장군님, 당신의 폭격기는 튼튼합니다.
폭풍보다 더 빨리 날고 코끼리보다 더 많은 것을 운반합니다
그러나 실수가 하나 있으니
조립공을 필요로 한다는 점입니다.

장군님, 인간은 매우 쓸 만합니다
날 수도 있고 죽일 수도 있습니다.
그러나 실수가 하나 있으니
생각할 수 있다는 점입니다.

전쟁이 시작되면

그대의 형제들은 아마도 변장을 할 것입니다
자신의 얼굴이 알려지지 않도록
그러나 그대들은 그대로 있어야 합니다.

그들이 전쟁터로 나갑니다,
도살장이 아니라
진지한 작업에 동원되듯 말입니다. 모든 것을
그들은 망각하게 될 것입니다
그러나 그대들은 아무것도 망각해서는 안 됩니다.

모든 사람들에게 그러하듯이
그대들의 목에도 화주가 부어집니다.
그러나 그대들은 냉정한 마음을 잃지 말아야 합니다.

칠쟁이는 말할 것입니다, 어디에선가 나라들을 함락시켰다고
그러나 그대들은 부엌에 들어갈 것입니다
양배추[6]를 요리하는 부엌으로
칠쟁이는 말할 것입니다
한 발치도 물러서지 않을 것이라고
그러면 그대들은 종이 옷[7]을 만지작거릴 것입니다
승리의 종소리가 울리게 되면
그대들의 실종자 명단이 배달될 것입니다.

북쟁이가 자신의 전쟁을 개시하면[8]
당신들은 당신들의 전쟁을 수행해야 합니다
그는 앞에 있는 적들을 보게 될 것입니다. 그러나
주변을 둘러보면, 자기 뒤에서도
적들을 보게 될 것입니다.
그가 자신의 전쟁을 시작하면
주변에 온통 적들만이 있음을 보게 될 것입니다.

나치 친위대원들의 사주를 받아
그곳에서 행진하는 사람들이
북쟁이를 향해서 행진하게 될 것입니다

군화는 질이 나쁠 지도 모릅니다. 그러나 아무리
좋은 가죽으로 만들었어도, 그의 적들은
그 장화를 신고 행진해야 합니다.
부족해도 충분해도 배급식량은

그대들의 입맛에는 맞지 않을 것입니다.

그의 친위대원은 잠들어서는 안 됩니다
대포 하나하나 조사하여
장약(裝藥)이 채워져 있는지를 살펴야 하니까요. 조사원들을
그가 또 조사해야합니다, 제대로 조사하는지를.

그와 관련된 모든 것들이 파괴되고
그에게서 오는 모든 것들이 그에 맞서 사용되어야 합니다.

그에 맞서 싸우는 자는 용감할 것이고
그의 계획을 망쳐놓는 사람은 똑똑할 것이고
그에 맞서 투쟁하는 사람이 독일을 구할 것입니다.

II

어두운 시대에도
노래를 부를 수 있을까
그 시대에도 역시 노래 부를 수 있을 것이다
어두운 시대에 관한 노래를

독일의 노래

그들이 다시 위대한 시대를 운운한다
(안나여, 울지 마라)
소매상들은 외상값 장부에 우리의 이름을 적어놓을 것이다.

그들이 다시 명예를 운운한다
(안나여, 울지 마라)
장롱에는 꺼내올 것이 하나도 없다.

그들이 다시 승리를 운운한다
(안나여, 울지 마라)
그들은 나를 이길 수는 없다.

군대가 행진한다
(안나여, 울지 마라)
내가 다시 돌아오면
나는 다른 깃발 아래에 서서 돌아올 것이다.

유태인 창녀 마리 잔더스에 관한 발라드

1

뉘른베르크에서 법을 만드니
많은 아낙들이 이를 두고 눈물을 흘렸다, 부적절한[9] 남자와
동침한 아낙들이
"근교엔 고기값이 오르고
힘껏 북소리가 울리니
하늘에 계신 주여, 그들이 뭔가를 하려 한다면
오늘 밤에 하게 해 주소서"[10]

2

마리 잔더스여, 그대의 연인은
머리카락이 너무나 검습니다.
오늘 밤은 어제와는 달리
더 이상 그에게 가지 않는 편이 좋겠습니다.
"근교엔 고기값이 오르고
힘껏 북소리가 울리니
하늘에 계신 주여, 그들이 뭔가를 하려 한다면
오늘 밤에 하게 해 주소서"

3

어머니, 열쇠를 주세요
모든 것이 그렇게 나빠 보이지 않습니다.
달도 평소처럼 그렇게 보입니다.
"근교엔 고기값이 오르고
힘껏 북소리가 울리니

하늘에 계신 주여, 그들이 뭔가를 하려 한다면
오늘 밤에 하게 해 주소서"

4
어느 이른 아침 9시 정각
그녀는 마차를 타고 도시 한 가운데를 지나갔습니다
속옷차림으로, 목에는 팻말을 두르고, 머리카락은 잘린 채
골목에서 환호성이 울렸습니다. 그녀는
그들을 차갑게 바라보았습니다.
근교엔 고기값이 오르고
칠쟁이는 오늘 밤에 말한다
위대한 주님, 이들에게 귀가 있다면
이들에게 무슨 일이 벌어질지, 이들이 깨닫게 해주소서.

오섹의 과부에 관한 발라드[11)]

1
과부 옷을 입은 오섹의 과부들이
프라하로 와서 묻는다
우리와 자식들을 위해 뭘 해주겠소, 여러분
자식들이 오늘 아무것도 먹지 못했소
자식들의 애비는 당신들의 참호 속에 쓰러져 누워 있소
프라하의 나리들이 묻기를, 무엇을
무엇을 해주어야 할까, 오섹의 과부들에게?

2

과부 옷을 입은 오셱의 과부들이
전투경찰대원들을 만났다
우리와 자식들을 위해 뭘 해주겠소, 여러분
자식들이 오늘 아무것도 먹지 못 했소
그러자 경찰관 나리들은 총을 장전한다.
이렇게, 경찰관 나리들이 말했다
이렇게 해주겠소, 오셱의 과부들에게.

3

과부 옷을 입은 오셱의 과부들이
의회로 쳐들어갔다
우리와 자식들을 위해 뭘 해주겠소, 여러분
자식들이 오늘 굶주리고, 오늘 먹어야 하는데
그러자, 의원 나리들이 한 말씀 하셨다
그렇게, 의원 나리들이 말씀하셨다
그렇게 해 줄 수 있소, 오셱의 과부들에게.

4

과부 옷을 입은 오셱의 과부들은
밤이면 길거리에 웅크리고 있다
누군가가 이곳 프라하에서 우리에게 뭔가를 해주어야 한다!
지금, 때는 11월인데
그리고 지금 눈이 내리는데, 크고 물기에 젖은 눈송이가
그것을, 눈이 말했다
그것을 해 줄 수 있소, 오셱의 과부들에게.

찌르레기 떼의 노래

1

우리는 10월에
심양 지방을 떠나
한눈팔지 않고 급히 남쪽으로 날아왔다
닷새 동안 네 곳의 지방을 거쳐
어서 날아라, 평지가 기다리니
날은 점점 추워지나,
그곳에는 온기가 있다.

2

우리가 떠나올 때 팔천이었다
심양 지방에서
더 멀리 올수록 날마다 천씩 늘어났다
닷새 동안 네 곳의 지방을 거쳐
어서 날아라, 평지가 기다리니
날은 점점 추워지나
그곳에는 온기가 있다.

3

이제 우리는 평지 위를 난다
후난 지방에서
아래에 커다란 그물이 보이니
우리가 닷새 동안 어디로 날아왔는지를 알겠다
평지가 기다렸다

날은 점점 따스해지나

죽음이 더욱 분명해진다.

동요

1592년 울름[12)]

주교님, 저는 날 수 있어요
재단사가 주교에게 말했다
보세요, 어떻게 하는지를!
그가 날개 같은 것을 들고
올라갔다
높디높은 교회 지붕으로
주교는 계속해서 이렇게 말했다
그것은 새빨간 거짓이요
인간은 새가 아니요
인간은 날 수가 없소
주교가 재단사에게 말했다.

재단사가 죽었어요
사람들이 주교에게 말했다
한바탕 소동이 났습니다
두 날개가 부러진 채

그는 박살이 나서 널브러져 있어요
딱딱한, 아주 딱딱한 성당 광장 바닥에요
종을 울리시오
그것은 새빨간 거짓이었소
인간은 새가 아니오
인간은 날 수가 없소
주교가 사람들에게 말했다.

씻고 싶어 하지 않은 아이에 관하여

옛날에 한 아이가 있었는데
씻고 싶어 하지 않았네
몸을 씻기면, 곧장
몸에 재를 뿌리곤 했네.

임금님이 방문차 오셔서
일곱 계단 올라오셨네
엄마는 수건을 찾았네
더러운 아이를 씻기기 위해.

수건이 마침 거기에 없었네
임금님은 돌아가셨네
임금님을 보기 전에는
아이는 수건을 달라할 수 없었다네.

거지의 작은 노래

노래라도 부르며, 너희들 자신이나 생각하라
주인은 푼돈을 줄에 꿰어
마치 개처럼 끌고 다니며
달아나지 못하게 하리니.
큰 소리로 노래하라!
주인이 이웃들 앞에서 인색하지 않도록.

큰 소리만 지르지 말고 아름답게 노래하라
그래야 주인의 심금을 울릴 터이니
큰 소리로 아름답게 노래하며 문지방에
발을 들여놓아야, 안으로 들어갈 수 있을 것이다
안 그러면 순식간에
주인은 '안 돼' 하며 문을 꽝 닫을 것이다.

주인이 주머니에 손을 넣어도
사람이란 원래 고맙다는 말은
입에 바른 말로 한다는 것을 명심하고, 너희들의
깡통에 무엇을 던져주는지를 조심하라
돼지 같은 놈은
재빠른 솜씨로 바지단추를 던져 넣기도 한단다.

자두나무

뜰에 자두나무가 한 그루

너무나 작아 자두나무라 생각하지 못 했네
그 주위엔 보호 창살이 쳐져서
나무에 다가가지 못 했네.

작은 나무는 클 수가 없네
크는 것이야, 나무 역시 바라지만
그것은 말이 되지 않네
햇빛을 거의 받지 못하니까.

이 자두나무엔 열매가 한 번도 열리지 않아
아무도 이것을 자두나무라고 믿지 않네
그래도 틀림없이 자두나무라네
잎을 보면 안다네.

나의 형은 조종사였다

나의 형은 조종사였네
어느 날 장난감 같은 비행기 한 대를 받고는
짐을 꾸리더니
남쪽으로 몰고 갔네.

나의 형은 정복자라네
우리 국민에겐 공간이 부족하니
땅과 토지를 얻는 것은
우리의 오랜 꿈이네.

나의 형이 정복한 공간은
시에라 산맥[13] 속에 놓여 있네
길이 1미터 80
깊이 1미터 50이라네.

악마

빵쟁이님, 빵이 잘못 구워졌어요
빵이 잘못 구워졌을 리 없소
품질 좋은 밀가루를 넣었고
구우면서 신경을 썼으니
그래도 잘못 구워졌다면
악마의 소행이오
악마가 빵을 망쳐놨소.

재단사님, 옷 재단이 잘못 되었어요
재단이 잘못되었을 리 없소
내가 직접 실을 꿰어
가위질에도 세심하게 신경을 썼으니
그래도 재단이 잘못되었다면
악마의 소행이오
악마가 재단을 망쳐놨소.

미장이님, 벽에 금이 갔어요
벽에 금이 갔을 리 없소

내가 직접 하나씩 돌을 쌓았고
회반죽에도 세심하게 신경을 썼으니
그래도 금이 갔다면
악마의 소행이오
악마가 벽에 금이 가게 했소.

총리님, 사람들이 굶주려요
사람들이 굶주릴 리 없소
나는 고기도 안 먹고 술도 안 마시고
밤낮없이 당신들을 위해 연설하니
그래도 굶주린다면
악마의 소행이오
악마가 당신들을 굶주리게 했소.

여러분, 총리가 목을 맸습니다
총리가 목을 맸을 리 없소
그는 주변에 장막을 치고
수천 명의 사람들이 지켜주니
그래도 그가 목을 맸다면
악마의 소행이오
악마가 총리의 목을 맸소.

전부 아니면 전무[14]

1

노예여, 누가 당신을 해방시켜주나요?
깊고 깊은 곳에 서 있는 사람들이
동지여, 당신을 보고
당신이 외치는 소리를 들어줄 거요.
노예들이 당신을 해방시켜줄 것이오.
전부 아니면 전무. 전부 아니면 전무.
혼자서는 구원받을 수 없는 법
총이냐 사슬이냐
전부 아니면 전무. 전부 아니면 전무.

2

굶주리는 사람이여, 누가 당신을 먹여주나요?
빵을 썰어 먹고 싶거든
우리에게 오시오, 배고픈 사람들이
우리에게 당신의 길을 알려주게 할 것이오
배고픈 사람들이 당신을 먹여줄 것이오
전부 아니면 전무. 전부 아니면 전무.
혼자서는 구원받을 수 없는 법
총이냐 사슬이냐
전부 아니면 전무. 전부 아니면 전무.

3

누가, 얻어맞은 사어, 당신의 복수를 해주나요?

얻어맞은 그대여
당한 사람들과 한 패가 되시오
우리들 비록 약점이 많지만
동지여, 그래도 당신의 복수를 해주겠소
전부 아니면 전무. 전부 아니면 전무.
혼자서는 구원받을 수 없는 법
총이나 사슬이냐
전부 아니면 전무. 전부 아니면 전무.

4
누가, 패배자여, 분연히 떨쳐 일어날까요?
자신의 비참함을 더 이상 참지 못하는 사람은
내일이 아니라 오늘
어쩔 수 없이 결행해야 하는 사람들과
하나가 되시오
전부 아니면 전무. 전부 아니면 전무.
혼자서는 구원받을 수 없는 법
총이나 사슬이냐
전부 아니면 전무. 전부 아니면 전무.

반전가

1
노동자는 전쟁에 끌려가
용감하고 자기를 잊은 채 싸우게 된다

왜, 누구를 위해, 그에게 알려주지 않는가
노동자를 위해서는 분명히 아닌데
빌어먹을 놈의 전쟁! 노동자를 홀로 만드는 전쟁!
무기를 바꿔 쥐고
또 다른 전쟁을 하자
그래야 올바른 전쟁이 될 것이니.[15)]

2
노동자들이 전방의 참호에 들어가야 하고
장군들은 후방에 남는다
나리들이 먹었다면
노동자가 뭔가를 찾아냈으니 가능한 일
빌어먹을 놈의 전쟁! 노동자를 홀로 만드는 전쟁!
무기를 바꿔 쥐고
또 다른 전쟁을 하자
그래야 올바른 전쟁이 될 것이니.

3
노동자들이 그들을 위해 전쟁 장비를 만든다
형편없는 임금을 받고
이것으로 많은 노동자 어머니의 자식들은
목숨을 잃게 된다
빌어먹을 놈의 전쟁! 노동자를 홀로 만드는 전쟁!
무기를 바꿔 쥐고
또 다른 전쟁을 하자
그래야 올바른 전쟁이 될 것이니.

4

노동자가 패배의 대가를 치른다

노동자가 승리의 대가를 치른다

따라서 그들은 최후의 심판의 날까지

노동자와 수많은 혈전을 치른다

빌어먹을 놈의 전쟁! 노동자를 홀로 만드는 전쟁!

무기를 바꿔 쥐고

또 다른 전쟁을 하자

그래야 올바른 전쟁이 될 것이니.

5

노동자는 허구한 날 전쟁에 투입된다

대규모 계급의 전쟁에

노동자는 피 흘리며 세어본다, 승리할 날까지

영원히 주인으로 만들어줄 승리의 날까지

빌어먹을 놈의 전쟁! 노동자를 홀로 만드는 전쟁!

무기를 바꿔 쥐고

또 다른 전쟁을 하자

그래야 올바른 전쟁이 될 것이니.

통일전선가[16)]

1

인간은 인간이니

먹을 것이 필요해, 어서 주세요!

잡담으로 배부를 수 없고
잡담이 요깃감이 되지도 않는다
따라서 좌로, 둘, 셋! 따라서 좌로, 둘 셋!
동지여, 그대의 자리가 있는 곳으로!
노동자 통일전선에 줄을 서라
그대 역시 노동자이니.

2
인간은 인간이니
얼굴에 장화를 신기를 원하지 않아
아래에 노예를 두고 싶지 않고
위에 주인을 모시고 싶지도 않아
따라서 좌로, 둘, 셋! 따라서 좌로, 둘, 셋!
동지여, 그대의 자리가 있는 곳으로!
노동자 통일전선에 줄을 서라
그대 역시 노동자이니.

3
프로레타리아는 프로레타리아이니
그를 해방시켜주는 사람은 없어
노동자의 해방은 오로지
노동자의 작품이야
따라서 좌로, 둘, 셋! 따라서 좌로, 둘, 셋!
동지여, 그대의 자리가 있는 곳으로!
노동자 통일전선에 줄을 서라
그대 역시 노동자이니.

결의

1

우리의 약점을 염두에 두고 그대는
우리를 노예로 만들 법을 만드나
그 법은 앞으로 지켜지지 않을 터
우리가 더 이상 노예 되기를 원치 않음을 염두에 두면

그대들이 우리를
총과 대포로 위협할 것을 염두에 두고
우리는 결의하였다. 죽음보다
더 두려운 것이 열악하게 사는 것이라고

2

그대들이 우리 것을 훔쳐가는 것을 방관하면
우리는 배고플 것임을 염두에 두고
단지 빵집 진열창만이 우리를
우리에게 부족한 맛좋은 빵과 갈라놓고 있음을 확인하고자 한다

그대들이 우리를
총과 대포로 위협할 것을 염두에 두고
우리는 결의하였다. 죽음보다
더 두려운 것이 열악하게 사는 것이라고

3

저기 집이 있지만
그대들은 우리에게 머물 곳을 주지 않음을 염두에 두고
우리는 결의하였다. 이제 그곳으로 쳐들어가기로
동굴 같은 이곳이 더 이상 우리에게 어울리지 않으니

그대들이 우리를
총과 대포로 위협할 것을 염두에 두고
우리는 결의하였다. 죽음보다
더 두려운 것이 염악하게 사는 것이라고

4

많고 많은 석탄이 있지만
우리는 석탄도 없이 얼어 죽고 있음을 염두에 두고
우리는 결의하였다. 석탄을 가져오기로
그러면 우리도 따뜻해질 것임을 염두에 두고

그대들이 우리를
총과 대포로 위협할 것을 염두에 두고
우리는 결의하였다. 죽음보다
더 두려운 것이 염악하게 사는 것이라고

5

우리에게 많은 월급을 주면
그대들이 행복할 수 없음을 염두에 두고
우리 스스로가 공장을 접수하였다
그대들 없어도, 우리는 살아갈 수 있음을 염두에 두고

그대들이 우리를
총과 대포로 위협할 것을 염두에 두고
우리는 결의하였다. 죽음보다
더 두려운 것이 염악하게 사는 것이라고

6

정부가 무슨 말을 하여도
우리가 믿지 않음을 염두에 두고

우리는 결의하였다. 우리 스스로 정부를 만들어

멋진 삶을 설계하기로

그대들이 대포에 귀를 기울일 것을 염두에 두고

-그대들은 다른 언어를 이해하지 못하니-

이제 우리는 대포를 그대들을 향해 조준해야 한다!

이것은 할 만한 일일 것이다!

III 연대기

어느 책 읽는 노동자의 의문

누가 성문이 일곱 개나 되는 테베를 건설하였을까?
책에는 왕들의 이름이 씌어있다
왕들이 바윗조각들을 직접 끌고 왔을까?
그리고 여러 차례 파괴되었던 바빌론
누가 그때마다 이 도시를 일으켜 세웠을까? 황금빛 찬란한 리마의
어떤 집에서 건설노동자들은 살았을까?
만리장성이 완성되던 그날 저녁에 어디로 갔을까
성벽을 쌓던 노동자들은? 위대한 로마에는
개선문이 도처에 있다. 누가 이를 세웠을까? 로마 황제들은
누구랑 싸워 이겼을까? 노래로 회자되는 비잔틴에는
백성들을 위한 궁성만 있었을까? 전설적인 아틀란티스에도
바다가 삼켜버린 그날 밤
물에 빠져 죽어가던 사람들은 노예들을 찾으며 울부짖었다.

젊은 알렉산더는 인도를 정복했다
혼자 그랬을까?
시저는 갈리아를 정복했다
적어도 요리사 한 명쯤은 동반하지 않았을까?
스페인의 필립왕은 눈물지었다, 그의 함대가
몰락하던 때에. 그밖에 아무도 울어주지 않았단 말인가?

프리드리히 2세는 7년전쟁에서 승리했다. 그 외에 누가
승리했을까?

각 페이지 마다 승리가 하나씩
승리의 만찬은 누가 차렸던가?
10년마다 위인이 한 명씩 나온다
그 대가는 누가 지불했는가?

그토록 많은 보고
그토록 많은 질문.

엠페도클레스의 신발[17)]

1
아그리겐트 사람인 엠페도클레스가
국민들의 존경을 받았으나 동시에
나이가 들어 힘이 약해지자
죽기로 결심했다. 그러나 그는
자신을 사랑한 사람들 몇몇을 사랑했기에
그들 앞에서 죽기 보다는 오히려
사라져 없어지기를 원했다
그는 그들을 초대하여 소풍을 갔다. 모두를 초대한 것이 아니라
이런 저런 사람들을 뺌으로써 선발과
전체의 구상에

우연의 요소를 섞어 넣었다
그들은 에트나 화산을 올랐다
힘들게 산에 오르느라
말이 없었다. 아무도
지혜의 말을 듣고 싶어 하지 않았다. 위에서
그들은 푹 쉬어, 맥박수가 평상시 상태로 되돌아 왔다
전망에 눈이 팔리고, 목적지에 도달했다는 기쁨으로 가득 차 있었다
스승은 눈에 띠지 않게 그들을 떠났다
다시 이야기를 나누게 되었을 때에도 그들은
알아차리지 못했으나, 한 참 후에야
여기저기서 말이 없어지더니 주위를 돌아보며 그를 찾아보았다
그러나 그는 벌써 산꼭대기를 돌아 가버렸다
유유자적하게. 한 번은
길을 멈추고, 들어보았다
아주 멀리 꼭대기 뒤편에서
대화가 다시 시작하는 소리를. 낱낱의 소리는
이해할 수 없었다. 이미 죽음이 시작되고 있었으니.
분화구에 서서
고개를 돌리고, 자신과 관계없는 것들을
더 이상 알고 싶어 하지 않으며, 노인은 서서히 몸을 굽혀
조심스럽게 신발을 벗더니 웃으면서
신발 두 짝을 주위에 던졌다. 너무 빨리는
발견되지 않되, 제때에, 말하자면
그가 썩어 없어지기 전에는 발견되도록. 그런 다음 비로소
그는 분화구로 갔다. 그를 잃어버린 친구들이
그를 찾다가 되돌아 왔을 때에는

이미 몇 주가 지나고 몇 달이 지나
이제 서서히 그는 죽어 없어져갔다. 그가 원했던 대로. 여전히
더러는 그를 기다렸지만, 또 더러는
그가 죽었다고 단정해버렸다. 여전히
몇몇 사람들은 그가 되돌아 올 때까지 그에 대한 물음을 미루었지만, 또 어떤 사람들은
직접 해답을 찾고자 했다. 서서히 하늘에서
구름이 사라지듯이, 변하지 않은 채 단지 작아질 뿐
바라보지 않으면 점차로 없어지고, 다시 찾으면
멀어지며, 다른 사람들과 뒤섞이듯이
그렇게 그는 일상에서 멀어져 갔다, 낯익은 방식으로.
그러자 소문이 돌았다
그가 죽은 것이 아니라는 소문이. 이유는 그는 불멸이기 때문이라고 했다
비밀이 그를 둘러쌌다. 이 세상의 것이 아닌 것이 있을 수도 있고
인간사란 개개의 경우 바꿀 수도 있다고 여겨지기도 했다. 그런 소문들이 들려왔다.
이럴 즈음에 그러나 그의 신발이 발견되었다, 가죽으로 만든 신발,
손으로 만질 수도 있는 신발, 닳아 헤진 이 세상의 신발이! 보지 못하면 신앙으로
믿어버릴 사람들을 위해서 남겨놓은 신발이었다.
그의 나날은 그렇게
다시 자연스럽게 끝나갔다. 그는 다른 사람과 마찬가지로 죽어갔던 것이다.

2
다른 사람들은 이 사건을
다르게 설명한다. 엠페도클레스는
정말로 신과 같은 명예를 얻기 위해 노력했고
비밀스럽게 사라짐으로써, 교활하게

증인도 없이 에트나 화산에 몸을 던짐으로써,
인간이 아니고 몰락의 법칙의 지배를 받지 않는다는
전설의 토대를 만들려고 했다는 것이다. 이때
우스꽝스럽게도 그의 신발이 사람의 손에 주어졌다고 한다.
(또 어떤 사람들은 이렇게도 말한다. 그러한 시도에 화가 난
분화구 스스로가 타락한 엠페도클레스의 신발을
뱉어 냈다고.) 그러나 우리는 차라리 이렇게 믿고 싶다.
그가 실제로 신발을 벗지 않았다면, 그는
우리가 바보라는 점을 깜박 잊고, 우리가 얼마나
모호한 것을 더욱 모호하게 만들려 하며, 충분한 근거를 찾느니
차라리 미신을 믿으려 한다는 것을 염두에 두지 않았던 것이었을 거라고. 만일 그랬더라면
에트나 산은 비록 그 같은 경솔한 짓에 화를 내지도 않고 저 사람이
우리를 속여 신과 같은 명예를 획책코자 했음을 믿었더라도
(에트나 산은 실제로는 아무것도 믿지 않고 또 우리에 관심이 없으니)
늘 그렇듯이 불을 뿜어내며 우리에게 신발을 내던졌을 텐데. 그래서 제자들이
벌써 분주하게, 위대한 비밀을 캐내고
심오한 형이상학을 발전시키려 했던 제자들이
갑자기 난감하게도 스승의 신발을 손에 넣게 되었다, 손으로 만질 수 있는
닳아 헤진 신발을, 가죽으로 만든, 이 세상의 신발을.

노자가 망명길에 도덕경을 써준 내력

1

나이 일흔이 되어 몸이 쇠약해지자

스승은 쉬고 싶은 마음이 간절했다
선이 나라에 다시 약해지고
악이 다시 힘을 얻어 커져 갔으니.
하여 그는 신발 끈을 매었다.

2
꼭 필요한 것만을 골라 짐을 쌌다.
얼마 되지 않았다. 그래도 이것저것이 되었다.
밤이면 피우던 담배 파이프
늘 읽던 책
눈짐작으로 챙긴 흰 빵.

3
또다시 계곡을 즐기다
산길로 접어들면서 잊어버렸다.
그의 소는 파릇파릇한 풀을
즐기며 씹었다. 노인을 태우고 가면서.
노인에게는 그것도 충분히 빠른 걸음이었다.

4
네 번째 날 커다란 바윗덩어리 안에서
세리가 그의 길을 막으며
"세금을 물릴 귀중품 없소?" - "없소."
소를 끌던 소년이 말하길, "이분은 가르치는 일을 했던 분이오."
이 말로 모든 해명이 이루어졌다.

5

약간 흥분한 그 사내가
또 물었다. "뭔가를 깨달았소?"
소년이 말했다. "흐르는 연약한 물이
시간이 흐르면 막강한 돌을 이긴다오.
당신도 아시겠지만, 강한 것이 진다니까요."

6

지는 햇빛을 놓치지 않으려
소년이 소를 몰아댔다.
이 셋이 벌써 소나무를 지나 사라질 무렵
갑자기 우리 일행을 향해 달려오더니
소리쳤다. "이봐요, 멈춰요!

7

물이 어떻게 되었다고요, 노인장?"
노인이 멈추며, "관심이 있소?"
사내가 말하길, "저는 세리에 불과하나
누가 누구를 이기는지에는 관심이 있소.
아시면, 말해주시오!

8

저에게 적어주오! 이 아이에게 받아 적게 해주오
그런 것을 그냥 가져가 버리면 안 되오.
우리에겐 종이와 먹이 있고
저녁 식사도 있소. 난 저기에 살지요.

자, 이것으로 약속이 되었소?"

9

어깨 너머로 노인이
그 사내를 보았다. 누더기 저고리. 신발도 없이.
이마엔 단 하나의 주름.
아, 그에게선 승자의 모습이라곤 하나도 없었다.
노인이 중얼거리며, "당신도?"

10

공손한 부탁을 거절하기엔
노인은 너무 나이가 들어보였다.
그가 큰 소리로 말하길, "뭔가를 묻는 사람은
대답도 얻는 법." 소년이 말했다. "벌써 추워질 거예요."
"좋다. 잠깐 멈췄다 가자."

11

현자가 소에서 내려
칠일 동안 둘이서 글을 썼다.
세리는 음식을 가져왔다. (내내 밀수꾼에게 욕을 해댈 때에도
목소리를 낮추었다.)
마침내 일이 끝났다.

12

어느 날 소년이 세리에게
81개의 가르침을 건네주고

얼마 되지 않은 노자를 받고 감사해 하며
이들은 저 소나무를 돌아 커다란 바위 사이로 난 문으로 들어갔다.
지금 와서 하는 말인데, 사람이 이처럼 공손할 수 있을까?

13
그러나 책에 이름이 멋지게 씌어있는
현자만을 칭송하지는 말자
현자에게서 현명한 가르침을 얻어내는 일도 중요하니
따라서 세리에게도 고마워해야 한다
그가 현자에게서 가르침을 요청했으니.

추방된 시인을 방문함

꿈속에서 그는 추방된 시인의 오두막집에 발을
들여놓았다. 그 옆집에는 추방된 스승들이 살고
있었다. (그곳에서 논쟁과 웃음소리가
들렸다) 그때 입구에서 오비디우스가 그에게
다가와서 또렷한 소리로 말했다
"아직은 앉지 않는 편이 좋겠소. 당신은 아직 죽지 않았으니. 누가 알겠소
당신이 되돌아갈 수도 있음을? 당신 자신을 빼놓으면
아무것도 변하지도 않은 채로 말이요." 그러나 눈에 위안의 표정을 지으며
백거이가 다가와 웃으며 말했다. "누구나 가혹한 일을
겪기 마련이오, 불의를 거론한 사람이라면."
그의 친구 두보가 조용히 말했다. "당신도 아시다시피 기민함을

모르는 곳에서는, 추방이란 존재하지 않소." 너덜한 옷을 입은 비용[18]이
보다 현실적으로 그들에게 말했다. "문이 몇 개요,
당신이 사는 집은?" 그러나 단테가 그를 옆으로 데리고 가서
소매를 붙잡으며 중얼중얼 말했다. "그대의 시구는
오류투성이요, 친구. 누가 당신을 반대하는지
잊지 마시오." 그러나 볼테르가 그쪽으로 소리쳤다.
"푼돈이나마 벌어야지, 안 그러면 배고파 죽어요."
"우스갯소리 집어치워요!" 하이네가 소리쳤다. "그래봐야 소용없소"
셰익스피어가 투덜거렸다. "야콥이 오자
나는 더 이상 글을 쓸 수 없게 되었다오." "재판이 벌어지면
변호사라도 한 놈을 잡아야지." 에우리피데스가 충고했다
"변호사란 법이라는 그물의 맹점을 알거든요." 여전히 웃음이
그치지 않는데, 어두컴컴한 구석에서
이런 소리가 들렸다. "이봐요, 그들이
당신의 시구도 외고 있지 않을까요? 당신의 시구를 알고 있는 자들이
박해를 피할 수 있겠소?" "그들은
잊힌 사람들이요." 단테가 나지막이 말했다
"그들의 신체는 물론이고, 작품들도 망가지고 말았다오."
웃음이 그쳤다. 아무도 그쪽을 보려고 하지 않았다. 막 도착한
그 사람은 얼굴이 창백해졌다.

火宅(불타는 집)에 관한 부처의 우화[19]

부처의 본명은 고타마, 그가 가르치길,

우리 모두는 욕망의 수레바퀴에 묶여있다고, 하며
일체의 욕망을 버리고 아무것도 바라지 말고
무의 세계로 들어가라고 충고하였다. 열반이라는 무의 세계로.
그러나 어느 날 제자가 물었다.
스승님, 왜 이것이 무인가요? 당신의 충고대로
우리 모두는 일체의 욕망을 버리려 합니다. 그렇다면
그런 다음에 우리가 들어가는 이 무라는 것이
일체의 유위법20)들과 하나가 되는 그런 것을 의미합니까
물에 누워, 몸을 가볍게 하고, 한 낮에는
무념무상의 상태로 물에 게으르게 눕거나 잠에 빠져
이불을 제대로 덮었는지도 모르고
급속히 가라앉아버릴 때처럼 말입니다. 이 무라는 것이
기쁜 것인가요? 선한 무와 같은 것인가요? 아니면 당신이 말씀하신 이
무라는 것이 단지 차갑고, 비어있고 또 아무런 의미도 없는 그런 무인가요?
부처는 오랫동안 침묵을 지키다가, 귀찮다는 듯이 이렇게 말했다.
그대의 질문엔 대답이 없소
그러나 밤이 되어 그들이 돌아가자
부처는 빵나무 아래에 앉아 묻지도 않는
사람들에게, 다음과 같은 우화를 들려주었다.
최근에 집을 한 채 보았다. 불타는 집을. 지붕에서
불꽃이 날름거렸다. 그곳으로 가보니
아직도 사람이 그 안에 있음을 알았다. 문 안으로 들어가서 소리
질렀다. 지붕이 불탄다고. 그러니 어서
빠져 나오라고. 허나 사람들은
서두르는 기색이 없었다. 벌써 속눈썹이
열기에 그을리고 있는데, 어떤 사람이 내게 물었다.

바깥은 어떻소, 비는 오지 않소,
바람은 불지 않소, 또 다른 집은 없소
등등의 질문을. 대답을 하지 않고
나는 다시 바깥으로 나왔다. 이 사람들은 불에
그을려 봐야겠어, 그래야 이따위 질문을 그만두지라고 나는 생각했다. 정말로, 친구여
땅바닥이 뜨거워 더 이상 머물지 못하고 다른 사람과 자리를 바꿀 수밖에 없는 사람
아니거든, 나는 더 이상 아무 말도 해줄 것이 없었다. 부처 고타마는 이렇게 말했다.
그러나 우리도, 더 이상 참는 법이 아니라
차라리 참지 못하는 법에 몰두한 채 이런 저런 현실적인 충고를
늘어놓으며, 사람들에게 자신들을 괴롭히는 자들을
떨쳐버릴 것을 가르치는 우리도 이렇게 생각한다
자본의 전폭기부대가 모습을 드러내는 것을 보고도 여전히
이를 어떻게 봐야할지, 이를 어떻게 생각해야 할지
세상이 바뀌면 저금통장과 일요일에 입는 나들이옷은 어떻게 될지에 관한
것만을 시시콜콜 오랫동안 물어보는 사람에겐
해줄 말이 많지 않다고.

쿠얀 집단농장의 양탄자 직조공들이 레닌에게 경의를 표하다[21)]

1

자주 존경을 받아왔다, 아낌없이
레닌 동지는. 흉상도 있고 입상도 있고.

그의 이름을 따서 도시의 이름이 지어졌고, 아이들 이름도 마찬가지였다.
여러 언어로 연설이 행해지고
집회며 시위들도 많았다
상해에서 시카고까지, 레닌을 존경하자는.
투르키스탄 남부, 작은 지역인
쿠얀 집단농장의 양탄자공들도
이렇게 레닌을 존경했다.

스무 명의 양탄자공이 밤이면 그곳에서
온 몸에 뜨거운 열이 난 채, 가난한 방직공장 의자에서 일어선다.
온 몸에 열기가 후끈거린다. 기차역은
한 떼의 모기들이 지르는 소리로 가득 차 있다
옛 낙타 공동묘지의 늪에서 생겨난 모기들이.
두 주에 한 번씩 물과 담배를 공급하는
기차가 어느 날
소식을 전해와
레닌 동지의 추념일이 임박했음을 알리자
가난한 사람들인, 이 쿠얀 집단농장의
양탄자공들은 그곳에 레닌 동지의
석고 흉상을 세우기로 결의한다.
흉상을 제작할 돈이 모이자
이들은 모두 흥분한 채 서서
이렇게 모은 돈을 나는 듯이 빠른 손놀림으로 센다.
적군 출신이 슈테파 가말레프는
조심스럽게 세고, 꼼꼼히 지켜보다가
레닌을 존경하는 마음가짐을 알아보고, 기뻐한다

그러나 또한 확신을 갖지 못하는 손도 있었다.
그래서 그는 갑자기 제안을 하기를
흉상을 지을 돈으로 석유를 사서
낙타 공동묘지 뒤편에 있는 늪에 뿌려
열병을 일으키는 모기들을 없애
쿠얀 집단농장의 열병을 박멸하되,
죽은 동지 레닌도 존경하고
잊지 말자고 말한다.

그들은 그렇게 결의했다. 기념일에 이들은
검은 석유를 가득 채운 찌그러진 양동이를 들고,
한 사람 한 사람씩
밖으로 나가 늪에다 부었다.

이들은 스스로에게 유용한 일을 하면서 레닌도 존경했다
레닌도 존경하며 스스로에게도 유용한 일을 했다. 그리하여 레닌을
바르게 이해했다.

2
우리는 들었다. 쿠얀 집단농장 사람들이
어떻게 레닌을 존경했는지를. 밤이 되어
석유는 다 팔렸고, 늪에 다 뿌려지자
집회에 참석한 한 사내가 일어서서
기차역에 판자를 세워
이 사건을 기록할 것을 요구했다. 입간판에는
계획을 변경시켜, 레닌 흉상과
열병을 없애는 수 톤의 석유를 바꾸게 된 내력을 기록하자고.

이 모든 것도 레닌을 존경하기 위해서였다.
그들은 이 요구를 따라
입간판을 세웠다.

지워지지 않는 벽보

세계대전의 시대에
이탈리아의 산 카를로 감옥은
체포된 군인과 술꾼과 도둑들로 가득 차 있는데
사회주의를 추종하는 한 군인이 능사용 펜으로 벽에 새긴다.
레닌 만세!
저 위, 어둠침침한 감방엔, 거의 보이진 않지만
분명한 글씨로 씌어있다.
간수가 이를 보고는 석회 가득 든 양동이와
털이 긴 붓을 든 칠쟁이를 보냈고, 그가 벽에 새긴 위협적인 그 글귀를 덮어 지웠다.
글자의 윤곽만을 따라 석회로 덮어씌웠으니
감방 저 위에는 이제 석회로 쓴 글자가 보였다.
레닌 만세!
두 번째 칠쟁이가 깃털이 넓은 붓으로 덮어씌우지
몇 시간 정도는 글자들이 사라졌다가 아침 무렵이 되어
석회가 마르자 다시 그 글귀가 모습을 드러냈다.
레닌 만세!
그러자 간수는 칼을 든 미장공을 글귀가 쓰여진 벽으로 보내어 글자를 하나씩 하나씩 파내게 했다, 한 시간 동안이나.
작업이 끝나자, 저 위 감방에는 이제 색깔은 없지만
벽에 깊이 글귀가 새겨졌다, 지울 수 없는 글귀가.
레닌 만세!
이제 벽을 없애 보시지!, 군인이 이렇게 말했다.

마이크를 위한 석탄[22)]

1
듣기로, 오하이오 주에서
금세기 초엽에
비드웰이라는 곳에 한 여자가 살았다.
메어리 맥코이, 그녀는 마이크 맥코이라는 이름의
죽은 철도 노동자의 아내, 그녀는 가난했다.

2
그러나 덜커덩거리며 굴러오는 휠링 철로회사[23)]의 기차에서 밤마다
제동수들이 석탄덩어리를
울타리 너머 감자밭으로 던지며
거친 목소리로 급히 소리쳤다
마이크를 위한 석탄이오!

3
그리고 매일 밤,

마이크를 위한 석탄 덩어리가
오두막집 뒷벽에 부딪히면
나이든 그 여인은 일어나 잠에서 덜 깬 채
치마를 입고 석탄덩어리를
옆에 치워놓았다
제동수들이 마이크에게 준 석탄을, 죽었지만
잊지 못한 마이크에게 준 석탄을.

4
그녀는 그러나 먼동이 트기 훨씬 전에 일어나
세상의 눈을 피해 선물을 치워놓았다. 휠링 철로회사 사람들이
철로 운행에
어려움을 겪지 않도록.

5
이 시를 선로원 마이크 맥코이의
동료들에게 받친다
(마이크 맥코이는 폐가 약해서
오하이오의 석탄차에서 죽었다)
동지애를 기리며!

선원들이 오스카와 호를 파괴함

"1922년 초
나는 6천 톤이나 되는 증기선 오스카와 호에 건초를 실었다.

이 배는 4년 전, 2백만 달러를 들여
미국의 조선소에서 건조되었다. 함부르크에서
우리는 샴페인과 화주를 싣고 리오로 갔다.
임금이 형편없어서
우리는 술로 근심을
달랠 필요를 느껴,
샴페인이 든
상자 몇 개를 선원실로 가져왔다. 그러나 간부실에도
갑판과 지도실에서도
함부르크를 떠난 지 나흘째 되던 날 벌써
아무 근심도 없는 사람들의
술잔을 부딪는 소리와 노랫소리가 들렸다. 여러 번
배는 항로를 이탈했다. 그럼에도
우리는 여러 가지로 여건이 좋아서
리오 데 자네이로에 도착했다. 하역을 하자
우리 선주는 샴페인 상자 100여개가 부족함을 알았다. 그러나 브라질에는
더 좋은 선원들이 없으니
그는 계속에서 우리에게 주문을 할 수밖에 없었다. 우리는
냉동고기 천여 톤을 싣고 함부르크로 왔다.
며칠 후, 바다 위에서, 다시
형편없는 임금과 불확실한 나이에 대한 걱정이 우리를 엄습했다.
우리 가운데 한 사람은 절망에 사로잡혀
너무도 많은 기름을 커다란 기관실 통에 쏟아 부었다. 그러자 불꽃이
굴뚝에서 피어나와 상갑판 전체로 퍼져
보트와 갑판 그리고 지도실이 전소하고 말았다. 가라앉지 않도록
우리는 진화에 나섰으나

형편없는 임금(불안한 미래!) 때문에 투덜거리느라 우리는
그렇게 큰 노력을 기울이지 못하여 갑판에서 많은 것을 건지지 못했다. 이 배는
약간의 비용만 들이면 쉽게 다시 건조할 수 있었다. 그들은
우리의 임금에서 너무도 많은 것을 아낀 셈이었다.
삶의 한 가운데에서 너무도 고생을 많이 하여
사람들은 급히 늙어갔고, 생존투쟁에서 무능할 수밖에 없었다.
우리는 힘을 아끼지 않을 수 없었고, 그래서
전동장치들은 어느 멋진 날에 불타버리고 말았다. 전동장치들은
보살핌을 필요로 했지만, 마음이 내키지 않은 우리가 제공하지 못했으니. 이제
우리는
불빛도 없었다. 처음에 우리는
다른 배와 충돌하지 않도록 기름램프를 사용했다. 그러나
지친 보조원이, 기쁨을 잃어버린 나이에
실망하여 일하지 않기 위해 등불을
갑판에 던져버렸다. 이 무렵, 마데이라 바로 앞에서
냉장고의 고기들이 썩기 시작했다
전동장치들이 작동하지 않았기 때문에. 설상가상으로
칠칠치 못한 한 선원이 폐수가 아니라
신선한 물을 모두 퍼내버렸다. 먹을 물은 충분했으나
기관실에 쓸 물은 부족했다. 하여 우리는
소금물을 증기선에 쓸 수밖에 없었다. 그래서 다시
관들이 소금으로 막히게 되었다. 막힌 관을 뚫느라
많은 시간이 필요했다. 일곱 배나 많은 시간이 필요했다.
그런 다음 기관실이 터졌다. 인상을 찡그리며
우리는 터진 곳을 다시 때웠다. 오스카와호는
느릿느릿 마데이라로 끌리듯이 나아갔다. 그곳에서는

꼭 필요한 정도의 수리를 할
기회도 주어지지 않았다. 우리는 약간의 물, 몇 개의 램프와 소량의 등유를
공급받았다. 전동장치들은
완전히 파괴된 듯이 보였다, 하여
냉동시설이 작동하지 않았고 썩어가는 냉동 생선에서 풍겨오는
악취를 예민해진 우리의 신경이 참기 어려웠다. 선장은
권총 한 자루만을 들고 갑판 위를 왔다 갔다 했다. 모욕적인 불신의
표시였다! 우리 가운데 한 사람은
모욕적인 대우에 화가 나서
마침내 뜨거운 증기를 냉동관에 넣어, 썩어가는 생선이
뜨겁게 조리될 정도로 만들어 버렸다. 이날 오후
선원 전부가 앉아서 부지런히 따져 보았다
미국은 이 짐 값으로 얼마나 치를지를. 항해가 끝나기 전에
우리는 우리의 기록을 갱신할 수 있었다. 네덜란드 해안에서
갑자기 연료 기름이 떨어져 우리는 많은 비용을 들여 함부르크로 예인될 수
밖에 없었다.
썩어가는 고기들이 우리 선장에게 여전히 많은 고민거리를 안겨주었다. 배는
크노헨호프에 도착하였다. 우리는 생각했다, 어린 아이들까지도
우리의 임금이 얼마나 작았는지를 알게 될 것이라고."

1935년 4월 27일 모스크바 노동자계급이 거대한 지하철을 접수함

우리는 들었다. 8만 명의 노동자들이
지하철을 건설하였다고. 많은 노동자들이 하루 종일 일한 다음

밤에도 자주 철야작업을 했다고. 이 해에
젊은 남녀 노동자들이 지하갱도에서 웃으면서
걸어 나오는 모습이 보였다. 그들의 작업복은
진흙이 달라붙고 땀이 배었지만 자부심이 묻어있었다.
모든 어려움들
-지하수의 물길, 고층건물의 무게
무너지는 토사 - 은 극복되었다. 장식을 할 때에도
수고를 아끼지 않았다. 최고의 대리석들을
멀리서 가져왔고, 더없이 아름다운 목재를
조심스럽게 가공했다. 마침내 거의 아무 소리도 없이
멋진 열차가 달렸다
대낮처럼 밝은 지하갱도를. 까다로운 주문자에게는
최고의 제품이 되어.

완벽한 모범에 따라 철로가 건설되고
이를 시찰하고 시승하기 위해
소유자들이 왔는데, 이들은 바로
이를 건설한 사람들이었다.
수천 명의 사람들이, 이리저리 돌아다니며
거대한 홀을 시찰했고, 기차에는
수많은 사람들이 타고 지나갔다. 얼굴들은
-남자, 여자와 아이들 그리고 노인들까지-
정거장을 향한 채, 마치 극장에서처럼 환한 표정이었다. 기차역은
매우 다양하게 지어졌으니. 돌도 여러 가지,
건축방식도 여러 가지였고, 불빛도
형형색색 종류가 달랐다. 차량에 올라 탄 사람은

사람에 떠밀렸으나 기쁜 마음으로 뒤쪽으로 밀려갔다.
기차역을 둘러보기에는 앞자리가
최고였으니. 역이면 역마다
아이들을 높이 치켜들었다. 자주
승객들은 밖으로 몰려나와 꼼꼼하면서도 기쁜 표정으로
이루어 놓은 것을 바라보았다. 그들은 기둥을 만져보고
매끈한 표면을 검사해 보았다. 신발을 신고
포장도로 위를 달려보며, 포장석이
잘 끼워져 있는지를 점검했다. 차량으로 떠밀리듯 되돌아오면서
벽의 마감상태를 살피고, 유리를
만져보았다. 늘
남녀 할 것 없이 사람들은 - 그곳이 맞는지 틀리는지는 확실하지 않아도
자신들이 일한 작업장을 손으로 가리켜 보았다. 커다란 돌덩이엔
그들의 손의 흔적이 있었으니. 얼굴은 얼굴대로 모두
잘 볼 수 있었다. 수많은 램프의
많은 불빛이 충분히 비추고 있었으니. 내가 일찍이 본, 그 어떤 철도보다 더
　　많은 전등이 있었으니.
지하 갱도에도 불을 밝혔다. 작업구간 그 어디에도
불을 밝히지 않은 곳이 없었다. 이 모든 것이
단 몇 해만에 완성되었고, 이 세상 그 어느 기차역보다도
더 많은 건설노동자들이 참여했다. 또 이 세상 그 어떤
기차역도 이처럼 많은 주인을 갖게 된 경우는 없었다.

이것은 놀라운 건축물로 보였다.
어느 시대 어느 도시의 선행 건축물에서도
일찍이 볼 수 없을 정도로, 건축인부가 건축주인이 되어!

도대체 어디에서, 노동의 열매가
노동자들에게 돌아간단 말인가? 일찍이 그 어디에서
자신이 스스로 건설한 건물에서
쫓겨나지 않은 적이 있었던가?
그들이 스스로가 만든 작품인
차량을 타고 가는 모습을 보자, 우리는 알게 되었다.
이것이야말로 고전적인 위인들이 과거에
감동적으로 예언했던 위대한 장면임을.

사회주의 건설의 신속함

1930년 아무르 강가의 니콜라예프스크에서 온 한 사나이가
모스크바에서의 상황이 어떤지에 관한 질문을 받고 이렇게 말했다.
내가 어찌 알겠소. 여기 오기까지
6주 걸렸고, 6주면
그곳에서는 모든 것이 다 변하는데.

위대한 10월

'10월 혁명' 20주년을 기념하여

오, 노동계급의 위대한 10월이여!
그토록 오랫동안 짓밟히며 착취당한

자들이 최종적으로 일어섰구나! 오, 전사여, 그대들은
제대로 총부리를 겨누었구나!
봄에 농지를 경작하는 사람들은
자신을 위해 한 일이 아니었다. 여름에
그대들은 더욱 배를 곯았다. 추수곡식도
주인의 곳간으로 들어갔다. 그러나 10월은
빵이 제대로 된 손안에 들어가 있음을 보았노라!

그 이후
세상에는 희망이 있다.
웨일즈의 동료와 만주의 노동자
개들과 함께 사는 펜실베이니아의 노동자
그리고 심지어 그들을 부러워하는
우리의 형제, 독일인들은, 이들은
알고 있다. 10월이
있음을.

따라서 스페인 군대의 병사들은
10월 혁명을 진압하러 온
파시스트의 비행기들도
덜 걱정스러운 눈으로 바라볼 지경이었다.

그러나 모든 노동자들의
유명한 세계의 수도 모스크바에서는
붉은 광장 너머로 매일매일
끝없이 승리자들의 행진이 계속된다.

자기 공장의 상징인
트랙터 그림과 방적공장의 양모덩어리
그리고 곡물농장의 이삭다발까지도 함께 들고서.
머리 위에는 하늘을 뒤덮은
전투기들이 날고, 앞에는
연대병력과 탱크부대가 행진한다.
광폭의 천으로 만든 띠에는
구호와 위대한 스승의 모습을
그린 채. 천은
투명하여, 이 모든 것들이
동시에 다 볼 수 있다.
얇은 깃대에는 가느다랗게
깃발이 높이 펄럭인다. 멀리 떨어진 도로에는
기차가 멈출 때면
춤판이 벌어지고, 경기가 펼쳐진다. 기쁜 마음으로
기차가 나란히 옆에 서서 달린다, 기쁜 마음으로
그러나 모든 억압자에게는
일종의 위압이 되리라.

오, 노동계급의 위대한 10월이여!

IV

흔들리는 사람에게

그대는 말한다
우리의 일은 어렵다고.
어둠이 깊어가고, 세력은 약화된다고
이제, 여러 해 동안 작업했지만
우리는 처음보다 더 어려운 상황에 처해있다고.

적들은 전보다 힘이 더 세고
적의 힘은 더 커진 듯이 보이며, 결코 이길 수 없을 정도가 되었다고.
그러나 우리는 과오를 저질렀으니, 이것은 부인할 수 없다고.
우리의 수는 줄었고
우리의 구호는 혼란스러우며, 우리가 사용하는 말의 한 부분을
적들은 알아볼 수 없을 정도로 왜곡했다고.

지금, 우리가 한 말 가운데 무엇이 잘못 되었는가
일부인가 아니면 전부인가?
누구에게 우리는 아직 기대를 걸고 있는가? 살아남은 우리들은
흐르는 강에서 내팽개쳐진 사람들인가? 우리는 뒤쳐져 남을 것인가?
아무도 이해하지 못하고, 또 아무에게서도 이해받지 못한 채?

우리에게 행운이 따라줄 것인가?

그렇게 그대는 묻는다. 그대 스스로의 답변이 아니거든 그 어떤 대답도 기다리지 마라.

어용화된 사람들에게

(1935년 모스크바 방송을 통해 송출)[24]

빵을 잃지 않기 위하여
억압이 증가하는 시절에
더러는 결의하였다. 착취를 지속하면서 저지르는
정부의 범죄에 대한 진실을
더 이상 밝히지 않기로. 그러나
정부의 거짓말도 더 이상 확산시키지 않기로. 말하자면
아무것도 폭로하지 않되, 그렇다고
아무것도 미화하지도 않기로. 그렇게 행하는 사람은
억압이 증가하는 시절에
체면을 잃지 않기로 새로이
단단히 결의한 듯이 보이지만, 실제로는
자신의 빵을 잃지 않기로
작정한 사람이다. 그렇다. 어떠한 거짓도
말하지 않겠다는 그의 결의는, 이제는
진실을 숨기는 데에 기여한다. 그러나 이것은
짧은 시간 동안에만 할 수 있는 일. 그러나
그들이 관직이나 연구실 혹은 공장마당을 걸어 다니며
거짓을 폭로하지 않는 이 시간에

이미 그들의 해악이 시작된다. 피 흘리는 범죄를 보고도
눈썹 하나 까딱하지 않는 사람은, 이 범죄에
자연스럽다는 허상을 심어준다. 그는
가공할 범죄를 마치 비와 같이 평범한 것으로 부르고
따라서 비와 같이 막아낼 도리가 없는 것이라 여긴다.
그렇게 그는 침묵함으로써
범죄를 돕지만, 오래잖아
알아차릴 것이다, 빵을 잃지 않기 위해서
그는 진실을 침묵할 뿐만 아니라,
거짓말까지도 해야 함을. 억압자는
빵을 잃을 준비가 되지 않은 사람을
다정하게 맞이한다.
그가 매수된 사람처럼 보이지 않는 이유는
사람들이 그에게 뭔가를 주지 않아서가 아니라
그가 아무것도 받지 않았기 때문이다.
칭찬만을 늘어놓는 연설자가
권력자의 테이블에서 일어서며 입을 열고
사람들이 그의 이빨 사이에 낀
음식물 찌꺼기를 보게 되면, 사람들은
그의 칭찬 연설을 의심의 눈으로 듣게 된다.
어제만 해도 비난하고 또 승리의 만찬에 초대받지 못한 사람이
행하는 칭찬의 연설은 그러나
더욱 가치가 있다. 그는
억압 받는 자의 친구이기에. 억압받는 자들은 그를 안다.
그가 한 말은 사실이고
그가 하지 않는 말은 사실이 아니다.

이제 그는
억압이 없다고 말한다.
가장 좋은 것은 살해자가
살해당한 자의 형제를 매수해 그를 내세우는 것이다
그의 형제를 때려죽인 것이 기왓장이라는 것을
입증하기 위해. 이 단순한 거짓은 그러나
빵을 잃지 않으려 하는 그에게는
그리 오래 도움을 주지 못한다. 그와 같은 식은
참으로 많다. 곧장 그는
빵을 잃지 않으려 하는 사람들의
가차 없는 투쟁에 빠져든다. 거짓을 말하려는 의지만으로는 부족하다.
능력도 필요하고, 정열도 요구된다.
빵을 잃지 않으려는 소망이
혼란스러운 잡설을 정당화하고
말할 수 없는 것을
말하려는 소망과 뒤섞인다.
게다가 그는 억압자에게
누구보다도 더 많은 칭찬을 늘어놓아야 한다. 그는 이전에
억압을 모욕했다는 혐의를 받고 있으니. 따라서
진실을 아는 사람이 가장 지독한 거짓말쟁이가 된다.
그러다 마침내
한 사람이 나타나서 그들의
이전의 솔직함과 옛날의 신중함을 밝혀냄으로써
그들은 빵을 잃게 된다.

평화를 위해 싸운 투사의 죽음에 붙여

(카를 폰 오시에츠키를 기념하며)

굴복하지 않은 자
맞아서 죽었고
맞아서 죽은 자
굴복하지 않았다.

경고하는 입은
흙으로 채워지고
피 흘리는 모험이
시작된다.
평화의 친구의 무덤 위엔
투사들 무리의 발걸음이 힘차다.

투쟁은 쓸 모 없었던가?

홀로 싸운 것이 아닌 사람은 맞아서 죽지만
적이 아직
승리한 것은 아니다.

조형예술가들에게 보내는 충고, 다가올 전쟁에서 그들이 만든 예술작품의 운명과 관련하여

오늘 나는 이런 생각을 했다
그림 그리고 스케치하는 그대들과
조각용 정을 들고 작업하는 그대들도
기필코 다가올 대규모 전쟁의 시대에는
더 이상 웃을 일이 하나도 없을 것이라고.

그대들은 앞으로 태어날 세대들에게
예술작품의 제작에 필요한
희망을 걸겠지만
생활이 궁핍하여 제작한
그대들의 그림, 스케치 그리고 조각품들을
숨겨놓을 곳을 찾아야 할 것이다.

생각하라, 예를 들면 사방에서 사람들이 희생되고
돈들이 약탈되는 상황에서는
대영박물관에 소장된 예술작품들과
도로 길목에 세워진 몰락한 국민들의 작품들도
얼마 되지 않는 폭탄으로 먼지로 변해버릴 수 있음을
9시에서 9시 10분 사이의 오전 시간대에 말이다.

예술작품들은 도대체 어디로 간단 말인가? 배의 화물칸도
숲속의 요양원도, 은행의 철제 금고도
안전하지 않다. 절대로 안전하지 않다.

그대들이 그린 그림을 지하철의 지하 선로에
가져다 놓아도 좋다는 허락을 받아야 할 것이다
아니면 7층 깊이의 지하에 시멘트로 단단하게 만들어 놓은
비행기 격납고에 넣어 두는 것이 더 좋을지도 모른다.
벽에 그려놓은 그림들은
아무런 공간도 뺏어가지 않겠지
그리고 몇 장의 정물화나 풍경화도
비행기 조종사들을 방해하지는 않을 것이다.

그러나 그대들은 눈에 잘 뜨이는 곳에
표석을 세워, 쉽게 읽을 수 있는 표시를 해서
깊고 깊은 어느 곳, 어느 어느 건물(혹은 돌무더기) 아래에
그대들이 그린 아마포 그림이 놓여 있음을 알려야 할 것이다.
그대들의 아내의 얼굴을 그린 그림이.

그래야 아직 태어나지 않은, 그대들의 위안이 될, 다가올 세대들이
우리의 시대에도 예술이 있었음을 알게 되고
또 나중에라도 연구를 할 수 있겠지, 삽으로 폐허를 파내며.
곰의 모피로 만든 옷을 입은 감시인들이
높은 고층 빌딩위에 올라가서 무릎 위에 소총을
(아니면 활을) 들고 적들을 감시하거나 아니면
주린 배를 채우기 위해 기대해 왔던 축성식을 감시하는 동안에.

농부가 황소에게 하는 인사말

(기원전 1400년 이집트의 농부가에 의거하여)

오오 위대한 황소, 쟁기를 끌어주는 신과 같은 존재여
어서 쟁기를 끌 생각을 하여라! 제발 부탁컨대
밭고랑을 엉망으로 만들어 놓지는 말아라! 이끄는 소여,
네가 먼저 가거라, 이랴!
우리는 고개 숙인 채 너희들의 여물을 썰 테니
이제 마음 편히, 여물을 먹어라, 우리를 먹여 살리는 귀중한 그대들이여!
먹을 때에는 밭고랑일랑 생각하지 말고, 그저 먹어치워라!
가족들을 보호해주는 그대여, 너희들의 외양간을 위해
우리는 낑낑거리며 대들보를 끌고 왔으니. 우리는
습기 찬 곳에 누워도, 너희들은 마른자리에 누울 것이다. 어제
기침을 하더라, 글 쓰는 그대여
우리는 제 정신이 아니었다. 혹시라도
파종도 하기 전에 뒈지는 것은 아닌가, 개 같은 녀석아?

아들의 출생에 붙여

(1036-1101년, 서동파의 한시에 의거하여)

아이가 태어나면, 가족들은
똑똑하길 바란다
똑똑해서

일생이 망가진 나는
내 아들이 무식하고
생각을 게을리 하는 사람이기를
바랄 뿐.
그렇게만 되면 아들은 편안하게 살아
내각의 장관이 될 것이니.

의사에게 보내는 노동자의 말

무엇이 우리를 병들게 하는지, 우리는 알아요!
우리가 병들면, 우리를 고쳐줄 사람이
당신이라고 우리는 들었어요.

듣자하니, 십 년 동안이나
당신은
국민의 세금으로 지어진 멋진 학교에서
치료법을 배우고 학문을 하느라
많은 돈을 지출했다지요.
따라서 당신은 치료할 수 있겠지요.

치료할 수 있나요?

우리가 당신에게 가면
우리의 너덜거리는 옷은 찢기고
당신은 헐벗은 우리 몸뚱아리 주변에서 귀 기울이지요.

너덜거리는 우리의 옷을 보면
우리 질병의 원인에 관하여
더 많은 것을 압니다. 우리 몸과 우리 옷을
망가뜨리는 원인은 같은 것이니까요.

당신의 말씀대로, 어깨의 통증은
눅눅한 환경 때문이죠. 우리 집안의
곰팡이의 원인도 그것이고요.
그러니 말해주세요
이 습기는 어디에서 오는 것인가요?

일은 많지만 먹은 것은 없어
우리는 힘없고 수척해집니다.
당신의 처방은 이러하죠
살 좀 쪄야겠다고.
차라리 갈대에게 말해보세요
젖지 말라고요.

우리에게 내줄 시간이 얼마나 되나요?
우리는 압니다. 당신 집의 양탄자
가격이 무려 오천 번의 진료
수입에 맞먹는다는 것을요.

아마 당신은 말하겠죠. 당신은
아무 죄가 없다고요. 우리 집
벽에 붙어 있는 곰팡이도
역시 같은 말을 하겠죠.

호소

1

병든 공산주의자에게 보내는 호소

우리가 듣기로, 당신은 결핵에 걸렸다고 합니다.
당신에게 요구합니다. 여기서
운명의 섭리가 아니라
억압자의 공격을 볼 것을. 억압자는
누더기 옷에다 축축한 지붕아래에
굶주림에 내맡겨 놓으니까요. 그래서 당신은 병이 들었습니다.
당신에게 명령합니다. 즉각 투쟁을 재개할 것을
질병과 억압에 맞선 투쟁을
온갖 전략을 다 짜내어, 가혹하고 집요하게
연약하기 때문에 벌일 수밖에 없는 투쟁의 한 부분입니다
극도의 비참함 때문에, 승리로 이끈다면
무엇이나 해도 좋아요. 승리는
인간 말종에 대해 벌이는 인류의 승리입니다.
곧장이라도 당신이 다시
당신의 위치로 돌아오기를 기다립니다, 동지여.

2

병든 공산주의자가 동지에게 보내는 답변

동지여, 배고프고, 거주환경은 열악하며 또 옷차림이 너덜거려

나는 병이 들었고, 대열에서 멀어졌소.
건강을 회복하기 위한 투쟁을 곧장 재개했소

나를 보는 모든 사람에게
내 병의 원인을 설명하고
책임져야 할 사람을 분명하게 말한다오.

동시에 나는 의료보험회사와도 싸웁니다
아주 작은 이익을 위해 나를 속이려 드니까요
잠자리에서 일어나면 벌써 나는 싸우지요

나는 병원의 책임에 관하여 잘 알고 있습니다
병원은 피지배계급의 환자에 대한 간섭을 일상화하고 있습니다.
나는 모든 수단을 동원하여
나의 건강을 회복하려 합니다.

그러니 비록 병에 걸려 상처를 입었지만
당신들의 대오를 떠난 것이 아닙니다. 마지막 숨을 거둘 때까지
당신들 곁에 머물렵니다. 피할 생각은 전혀 없습니다.
부탁하노니
나를 늘 믿어주십시오.

3

의사와 간호사에 대한 호소

이제 의사와 간호사에게 말합니다. 우리는

당신들 가운데에서도 더러는,
많지는 않겠지만, 더러는 그들처럼
인간의 모습을 한 사람에 대한
책임을 기억할 것이라고 믿습니다. 이 사람들에게
우리는 요구합니다. 우리의 환자들을 지원하여
의료보험과 병원의 관습에 맞서 싸움을 벌일 수 있게 해주세요
억압된 계층과 관련하여 말입니다.
우리는 압니다. 그러기 위해서는 당신들도
싸움에 휩쓸릴 것입니다. 착취와 기만을 일삼는
사람들과의 싸움에 말입니다. 우리는 요구합니다. 이들을
바로 당신의 적으로 간주하세요. 그러면
당신은 당신을 착취하는 당신의 적과 싸우는 셈이 됩니다.
시시각각 굶겨죽이겠다고 협박하는 착취자들 말입니다. 우리의
동지들이 쓰러져갔던 굶주림.
우리와 함께 싸웁시다!

혁명 전사의 비웃음. 그의 답변

1

구멍 뚫린 신발을 신은 장군이여
저에게 말해주시오, 당신은
누구의 명령을 따르는지? 그리고 우리끼리 하는 말인데,
점심은 드셨소?

머릿속에 계획은 있소?
단지, 그대의 뱃속이 비었을 뿐
그대는 깃발을 가지고 있다고 말하나
그대의 군대는 어디에 있소?

바지를 하나 입고 있는 정치인에게
그대가 다림질판을 맡기는 것은 아니오?
아니면 아치 모양의 다리 아래에서
내각 회의가 열리는 것은 아니오?

카드 놀이에서 임금은 소년을 이기고
에이스는 소년을 이긴다오
그대의 이름도 역사에 나오겠지만
그러나 그대의 신분증은 어디에 있단 말이오?

2곱하기 2가 4라면
그대는 권력을 장악할 것이오
(그러면 아래와 위가 바뀔 것이오) 그러나
오늘 밤 그대는 어디에서 잔단 말이오?

2

유감스럽게도 내가 정신없이 길으니
온전한 신발을 챙기고 싶다면,
나는 나에게 신발을 주지 않는 자들을
저격해야 할 것이다

전체의 가죽 시장이 제대로 돌아가게 해야 할 것이다.

내 바지는 찢어졌으니
중간에라도 겨울을 나려면
엉덩이에 바지라도 걸쳐야 할 것이다
따라서 나는 바지가 어디에 있는지를 알아야 하고
전체의 방적공장을 통제해야 할 것이다.

언제라도 좋은 빵을 먹으려면
나는 곡물시장에 침입해야할 것이다
그리고 농부들과도 대화를 하고
트랙터를 밭고랑에 보내어
대량으로 곡물을 생산해야 할 것이다.

나를 억누르는 자들을 위한 전쟁에
전사들을 내보내고 싶지 않거든
나는 그들의 모든 구호를 비웃어야 할 것이다
그리고 나의 깃발(그것은 붉은 색이다)을 펼치고
그들에게 나의 전쟁을 선전포고해야 할 것이다.

레닌의 서거일을 기념한 칸타타

1
레닌이 죽자
한 병사는 시신을 지키며

동료에게 말했다. 나는
믿고 싶지 않아. 그가 누워있는 곳으로 들어가
귀에 대고 소리칠 테야. "일리치
착취자들이 오고 있어!" 그는 움직이지 않았어. 이제
알 것 같아, 그가 죽었음을.

2
선한 사람이 떠나가려 하는데
어떻게 그를 멈추게 할 수 있을까?
그에게, 그가 왜 필요한지를 말하라
그러면 멈추게 할 수 있나.

3
어떻게 해야 레닌을 멈추게 할 수 있을까?

4
병사는 생각했다
착취자가 온다는 말을 들으면
몸이 아파도 그가 다시 일어날 것이다.
아마도 지팡이를 짚고
들 것에 실려 있더라도, 그는
일어서서 올 것이다
착취자에 맞서 싸우기 위해.

5
병사는 알았으니까, 레닌이
평생을 착취자에 맞서

싸웠음을.

6

겨울궁정을 습격하는 데에
병사가 도왔을 때
그는 고향에 가고 싶었다. 그곳에는
벌써 지주의 토지가 배분되었으니.
그러자 레닌이 그에게 가지 말라고 말했다!
아직도 착취자가 있으니.
착취가 있는 한
이에 맞서 싸워야 한다고.
그대가 살아 있는 한
이에 맞서 싸워야 한다고.

7

약자들은 싸우지 않는다. 약하지 않은 자들은
한 시간 정도는 싸울 것이다.
힘이 더 센 자는 여러 해를 싸울 것이다. 그러나
정말로 강한 자는 평생을 싸운다. 이런 사람들은
반드시 필요한 사람들이다.

8

(혁명가 찬양[25])

억압이 늘면
많은 사람들은 낙담한다
그러나 혁명가의 용기는 커진다.

그는 투쟁을 조직한다
임금을 올리고, 찻물을 확보하고
국가 권력을 쟁취하기 위하여.

그가 소유재산에게 묻는다.
넌 어디에서 왔는가?
그는 여러 견해에게 묻는다.
너흰 누구에게 유용한가?

늘 침묵이 지배하는 곳
그곳에서 그는 말할 것이다
억압이 지배하고, 그것을 숙명이라고 받아들이는 곳에서
그는 혁명가들의 이름을 거명할 것이다.

그가 탁자에 가 앉으면
불만도 함께 탁자에 와 앉는다
식사가 형편없다고
방은 비좁다고 여겨진다.

그들이 그를 쫓아내는, 그곳으로
폭동도 같이 갈 것이다, 그리고 그가 내쫓겨 있는 곳에서
소요는 계속될 것이다.

9

레닌이 죽어 없어진 시간에
승리가 쟁취되었지만, 나라는 황폐해졌다.

대중은 봉기했으나, 그러나
길은 어두웠다.
레닌이 죽자
병사들은 길가에 앉아 울었고
노동자들은 기계에서 자리를 떠나
주먹을 흔들었다.

10
레닌이 가자, 마치
나무가 잎사귀에 이렇게 말하는 듯 했다
나는 간다고.

11
그 이후 15년이 흘렀다.
지구의 1/6이
착취에서 벗어났다
착취자가 온다는 소리를 듣고!
대중은 늘 새롭게 봉기하여
싸울 준비가 되었다.

12
레닌은 묻혔다
노동계급의 거대한 심장에
그는 우리의 스승
그는 우리와 함께 싸웠다
그는 묻혔다

노동계급의 거대한 심장에.

고리키를 위한 묘비명

여기 누워있다
빈민가의 심부름꾼
민중을 괴롭힌 사람을
그리고 그들에 맞서 투쟁한 사람을 묘사한 사람
길거리 대학에서 교육을 받고
비천한 가문에서 태어나
신분의 높낮이를 철폐하는 것을 도운 사람
민중으로부터 배운
민중의 스승이 묻혀있다.

V 독일 풍자시

(독일 자유방송을 위해서)

분서[26)]

정부가 나쁜 지식을 담은 책을
공개적으로 소각할 것을 명하고, 여기저기서
소들을 데려와, 수레에 책을 싣고
장작더미로 끌고 가도록 하자
쫓겨난 젊은 작가, 최고의 작가 한 사람이, 쫓겨난 자들의
명단을 연구하다가, 깜짝 놀라 발견하였다. 자신의
책이 빠져 있음을. 그는 급히 책상으로 가
화가 나서 쏜살 같이, 실력자에게 편지를 한 통 썼다.
나를 태워주오! 펜을 날리듯이 그가 썼다, 나를 태워주오!
나를 이런 식으로 대접하지 마오! 나를 남겨놓지 마오! 내가
내 책에서 늘 진실을 알리지 않았소? 그런데 이제
당신들이 나를 거짓말쟁이로 취급하다니! 명령이요,
나를 태워주오!

어느 불평꾼의 꿈[27)]

(감자가 부족한 어떤 시절에)

꿈속에서 나는 보았다
칠쟁이가 등장하여 대대적인 연설을 행하는
오페라 극장 맞은편에
갑자기 거대한 감자가 있었다. 웬만한 산보다 큰 이 감자도
기다리는 사람들 앞에서
연설을 했다.
우렁찬 소리로 감자가 말하기를, 나는
당신들에게 경고하기 위해 왔소.. 나도 압니다
감자에 불과할 뿐임을. 별 볼 일 없는
평범한 인물이죠, 별로 주목도 못 받고, 역사책에는
거의 나오지도 않죠. 상류층에는
영향력도 없고. "명예"니 "존경"이니 하는
위대한 일에 관하여 말할 때면, 나는 뒤로 물러설 수밖에 없죠.
명예보다 나를 더 생각하는 것은
고상하다고 여겨지지 않아요. 그러나 늘 그렇듯이, 나는 이 비참한 계곡에서
많은 사람의 목숨을 연명하게 해 주었어요.
이제 선택해야 한다고 합니다
나와 저 안에 있는 사람 가운데 한 사람을! 이제
그 사람이냐 나냐를 선택해야 해요. 그대들이 그를 선택하면
그대들은 나를 잃죠. 따라서 나는 이렇게 생각합니다
그대들은 저기 안에 있는 사람의 말에 그리 오래 귀 기울이지 말아야 한다고
저 사람은 완전히 나를 쫓아내려 하고 있으니까요. 그대들이 그에 대해 반항하면
그가 그대들을 죽이겠다고 협박하면, 그대들은 잘 생각해봐야 합니다
내가 없어져도 그대들은 자식들과 함께 죽을 수밖에 없다는 점을.

따라서 감자는 말한다 천천히

칠쟁이가 오페라 극장에서 모든 국민들이 다 들을 수 있도록
스피커를 통해 울부짖자, 감자는 마치 연습하기라도 하듯이
은밀히 시위를 시작한다. 모든 국민들이 다 볼 수 있도록. 감자가
칠쟁이의 말 한마디 한마디마다에 점점 오그라들고
비참해지고, 병들어 가면서.

관용열차[28)]

1

지도자의 강력한 명령에 따라
뉘른베르크 전당대회를 위해 만들어진 호화열차는
관용열차라는 평범한 이름을 지니게 되었다. 이 말은
그 안에 타고 가는 사람들이, 기차 안에서 독일 국민들을 위해
봉사함을 의미한다.

2

관용열차는
차량건조 기술이 빚은 걸작이다. 승객들은
고유의 별실을 갖는다. 넓은 창으로
이들은 들판의 독일 농부들이 열심히 일하는 모습을 본다
이 광경을 보다가 땀이라도 나면
이들은 타일을 두른 칸으로 들어가
사우나를 즐길 수도 있다.
세련된 조명시설 덕분에 이들은

밤에도
정부의 축복에 관한 대대적인 기사가 실린
신문을 읽을 수 있다. 앉아서, 서서 그리고 누워서도 각각의 별실은
전화선으로 서로 연결되어 있다. 남자들이
전화로 옆 테이블 여자들에게 몸값을 물어볼 수도 있는
어떤 호화 무도장에서처럼.
침대에서 일어나지 않아도, 승객들은
라디오를 틀어 다른 정부의 악덕을
보도하는 대대적인 뉴스를 들을 수도 있다. 이들은 원하면
별실에서 저녁 식사를 시켜 먹으며 용변도
전용의 변기에서 해치울 수 있다. 대리석으로 장식된 변기에서.
이들은 똥을 눈다
독일에 대고.

통치의 어려움

1
장관들은 쉴 새 없이 국민들에게 알린다
다스리기가 얼마나 어려운지를. 장관이 없으면
곡식은 위로 자라지 않고 땅속으로 자라고
한 조각의 석탄도 탄광에서 나오지 않는단다
수상이 그토록 현명하지 않다면. 선전부장관이 없으면
그 어떤 여자도 임신을 못하고, 전쟁부장관이 없으면
전쟁은 결코 일어나지 않을 거라고 한다. 그렇다, 지도자의 동의가 없어도

해가 아침에 뜰지는
정말로 의문이다. 만일 해가 뜬다면
서쪽에서 뜰 것이다.

2
그들의 말에 따르면, 공장을 운영하기도
마찬가지로 어렵다. 주인이 없으면
담장이 무너지고, 기계는 녹슬 것이라고들 한다.
쟁기가 만들어지더라도
결코 밭고랑으로 보내지지는 않을 것이다. 고용주가 농부에게 써주는
교활한 말이 없이는. 누가 그들에게
쟁기가 있다는 사실을 알려줄 수 있을까? 그리고
토지 주인이 없다면 농장에서 무엇이 나올까? 분명히
감자가 심어진 곳에, 보리씨앗을 뿌릴 것이다.

3
다스리는 것이 쉽다면
지도자와 같이 총명함이 번뜩이는 인물들이 없어도 될 것이다
노동자들이 기계를 어떻게 사용하는지를 알고
농부가 밭고랑과 국수 만드는 판을 구별할 수 있다면
공장주도 지주도 필요치 않을 것이다.
모두가 그토록 우둔하니
현명한 몇 사람이 필요할 것이다.

4
아니면, 배워야 착취도 사기도 해먹을 수 있으니

다스리기가 어려운 것
아닐까?

선전선동의 필요성

1
우리나라에는 모든 일들이 순리대로 진행되지 않을 수도 있다
그러나 선전선동이 잘 이루어지는 것에 대해서는 아무도 의심하지 않는다
배고픈 사람도 인정해야 한다
영양부 장관이 말은 잘한다는 것을.

2
정부가 어떤 날 하루 동안
수천 명의 사람들을 때려죽이게 하자
조사도 않고, 판결도 내리지 않은 채
선전부 장관은 지도자의 무한한 인내심을 찬양했다
학살을 그토록 오랫동안 기다리며
악당 놈들에게 재물과 명예직을 마구 수여하던 지도자를
뛰어난 언변으로 찬양했다. 그날 희생자의 친척만이 아니라
도살자 스스로도 울었노라고

3
또 다른 날 위대한 제국의 비행선이
화염에 휩싸였다. 전쟁을 위해 비가소성 가스를 아끼려고

가소성 가스를 채워 넣었기 때문이었다.
그러자 항공부 장관이 죽은 자들의 관 앞에서 약속했다
절대로 낙담하지 않겠다고. 그러자
우레와 같은 박수가 일었다. 관에서도
손뼉 치는 소리가 들렸다.

4
쓰레기와 지도자의 책을
선전하는 선동은 얼마나 멋진가
늘 여기저기 나뒹굴던 지도자의 책을
누구나 주어든다
넝마 수집[29]을 선전하기 위해, 막강한 괴링은
자신이 언제나 최고의 넝마수집가였음을 선언하고
넝마들을 집어넣기 위해, 제국의 수도 한 복판에
궁전을 지었다
크기가 하나의 도시만한 궁전을

5
뛰어난 선동가라면
거름더미라도 유원지로 만들어버린다.
그런 사람이라면, 굶주려 살점 하나 없는 사람 앞에서는
늘씬한 허리가 남자를 아름답게 보이게 한다고 증명해 보여준다
자동차 도로에서 그가 연설하는 모습을 본 수천 명의 사람들이
기뻐한다. 마치 자동차를 소유한 듯이.
죽은 병사들이나 굶어죽은 사람들의 무덤 위에
그는 월계수 나무를 심는다. 그러나 그러기 전에

그는 평화를 운운한다, 대포가 지나갈 때에도.

6

오로지 뛰어난 선전선동을 통해서만
수백만 명의 사람들을 설득하여,
병력의 양성은 평화를 위한 작품이고
새로운 탱크는 평화의 비둘기이며
새로운 연대는 평화사랑의
새로운 증거라고 믿게 할 수 있다.

7

물론, 좋은 연실이 많은 것을 할 수 있으나
모든 것을 다 할 수는 없는 법. 더러 어떤 사람들이
이렇게 말하는 소리가 들린다. 고기라는 말만 가지고는 배부르게 할 수 없고
옷이라는 말만 가지고는 몸을 따뜻하게 할 수 없음이 안타까울 뿐.
기획부 장관이 셀룰로스 옷감에 대한 칭찬의 말을 할 때면
비가 와서는 안 된다. 비가 오면
청중들이 내복차림으로 서 있을 것이니까.

8

선전의 목적에 관하여
걱정스러운 것이 있으니, 우리나라에 선전선동이 많으면 많을수록
그만큼 다른 것들은 더욱 작아진다는 것.

정부의 개선

1

이리저리 물어보면, 이렇게들 말한다. 수많은 개선이 있다고.
오랫동안 일자리가 없었던 사람은
이제 일자리를 갖게 되었다. 그러나
이들은 아직도 굶주릴 것이다. 물론
임금이 내려간 것은 아니지만, 그러나
식료품값이 비싸졌으니. 그러나 고기값을 너무 급히 올리면
각각의 푸줏간 주인을 가게에서 불러내어 감금하였다. 흰 밀가루는
평소에도 꿈적도 하지 않더니
지금도 전보다 그렇게 비싸지는 않다. 단지
흰 밀가루 한 파운드에 검은 밀가루 한 파운드를 더 섞어야 할 뿐.
아무짝에도 쓸모없는 검은 밀가루를. 한 편으로
몇몇 공장에서는, 점심값이 스무 페니히 정도밖에 아니어도 푸짐한데, 이것은
대단한 개선이다. 단지
이런 공장이 아주 드물다는 사실이 유감스러울 뿐. 늘
그런 공장에서 일하는 이런 저런 사람들을 많은 사람들이 알고 있다.
가끔씩 성탄절이면 갑자기 공장에서
돈을 풀어, 모두가 돈을 받게 되는데, 그럴 경우엔
지도자가 이 일을 밀어붙였다고들 한다.

2

지도자는 가격을 감시한다. 예를 들면
외투를 여전히 옛날 가격으로 살 수 있는 것도 오로지 그분 덕분이다, 물론
외투가 옛날처럼 그렇게 오래 입을 수는 없지만. 지도자가 없다면

외투 값은 비싸졌을 것이다. 어쨌든지
지도자께서는 자본가들을 까다롭게 감시하신다. 물론
배당금은 올랐지만, 들리기로는
자본가들이 자신의 이윤을
오로지 두려움에 가득 차서 숨긴다고 한다. 자본가들은
적어도 일 년에 한 번씩, 5월 1일이면
국가의 명령에 따라, 평범한 노동자들 앞에서
자본가를 위해 힘들게 일하는 노동자들 앞에서, 공개적으로 모자를 벗어야 한다.

3
정부도 만족을 느끼도록 배려한다
자기 배를 타고 휴가 여행을 가는 것도 인기가 있다. 배에 타서
비용을 생각하는 사람들은 별로 없다.
그들은 지출한 돈은
잃은 것으로 간주해버린다. 지출은
강제적이었고, 휴가 여행은
국가의 자발적인 선물처럼 보인다.
돈을 잃은 사람은 일부라도
되돌려 받으면 기뻐한다.

4
여기저기에서 개선이 이루어졌다. 이에 관한 이야기가
굶주린 사람의 입에서도 나온다. 뜨거운 돌 위에
이제는 한 방울이 아니라, 두 방울의 물이 있으니
이것이 개선이 아니고 무엇인가?[30] 개선된 것이
결국은 착취의 시스템일 뿐이고

도둑질만이 개선되었으며, 억압의
방법이 나날이
개선되고 있음을
모두가 알아차린 것은 아니다.

정부의 불안

1
어떤 낯선 여행자가, 제3제국에서 돌아오면서
그곳에서 정말로 지배자는 누구인가라는 질문을 받자, 이렇게 대답했다
공포요.

2
몹시 불안하여
학자는 토론 중간에 입을 닫고 창백하게
연구실의 얇은 벽을 바라본다. 스승은
잠 못 자고 누워서, 검사관이 내던진
알듯 모를 듯한 말을 곰곰이 생각한다.
고급식료품점의 노파가
떨리는 손가락을 입에 갖다 대며, 품질 나쁜
밀가루에 대한 분노의 말을 하지 못하게 한다. 몹시 불안하여
의사는 환자의 목 졸린 흔적을 바라본다. 몹시 불안하여
부모들은 아이들을 마치 밀고자처럼 바라본다
죽어가는 사람들도

가라앉은 목소리를 더욱 가라앉힌다. 그들이
친척들과 작별할 때면.

3
그러나 갈색 셔츠를 입은 사람들도
팔을 위로 치켜들지 않은 사람들을 무서워하고
아침인사를 건네는 사람들 앞에서
기겁을 한다
명령하는 사람의 날카로운 목소리는
불안에 가득 차 있다. 마치 도살용 칼을
기다리는 새끼돼지의 울음소리처럼. 통통한 엉덩이에서도
불안하여 땀이 난다. 사무실 의자에.
불안한 나머지
그들은 집안으로 침입하여 변기통 속을 뒤진다
또한 도서관을 통째로 불태우는 것도
불안 때문이다.
불안은 피지배자뿐만 아니라,
지배자까지도 사로잡는다.

4
왜
그들은 공개적인 말을 두려워하는가?

5
정부의 폭력기구가 되어버린
정부의 진영과 지하고문실

살찐 경찰
겁에 질려 있거나 매수당한 판사
지붕까지 가득 채운
용의자 명단이 든 서류목록을 보면
평범한 사람의 공개적인 말을
두려워할 필요가 없음을 알게 된다.

6

그러나 당신들의 제3제국은
난공불락의 요새, 아시리아의 요새를 생각나게 한다
전설에 따르면, 그 어떤 군대도 접수하지 못했지만,
내부에서 나온 단 한 마디에
무너져 먼지가 되었다고 한다.

버터보다 대포가 필요해

1

버터보다 대포가 중요하다는
괴링장군의 유명한 연설은
맞다. 정부가
더 많은 대포를 필요로 하는 한. 버터가 적으면 적을수록
가진 버터가 적으면 적을수록
그들은 더 많은 적을 갖게 된다.

2

또한 해두고 싶은 말은, 대포란
사람뱃속이 비어 있을 경우에는
모두의 관심사가 될 수 없다는 점.
가스를 한 모금 마신다고 해서
갈증이 해소되는 것이 아니니.
양털 내복이 없으면
병사들은 여름에나 힘이 날 뿐.

3

포병대에서 화약이 떨어지면
장교들 뒤통수에 먼저
구멍이 뚫린다.

젊은이와 제3제국

1

정부가 주장하길, 젊은이는
이미 제3제국의 편을 들기 때문에
십 년 이니 이십 년 후엔
온 국민이 온통
정부의 추종자가 될 거란다
참으로 유치한 계산의 실수이다!

2

빵을 스스로 벌 필요 없이
가만있어도 식탁에 빵이 주어지는 사람들은 말한다
빵을 버는 것이 참으로 쉽다고.
십년 후 빵을 벌어 아이들
식탁에 차려주어야 할 때에도, 그들은
말할까, 빵 버는 것이 쉽다고? 그럴까?

3

골수를 다 파 먹히지 않은 사람들이
정부를 칭찬한다. 언젠가
그들의 골수가 다 파 먹혀도 그들은
여전히 정부를 찬양할까? 그럴까?

4

총알이 쉿쉿거리는 소리를 듣지 못한 사람이 말한다
사격은 멋지다고. 그들이
언젠가 총알이 쉿쉿거리는 소리를 들어도, 그들은
여전히 말할까? 전쟁은 멋지다고? 그럴까?

5

그렇다, 아이들이 아이들일 때에는
동화도 들려줄 수 있다
그러나 나이가 들면
그럴 수 없다.

6

정부가 손을 비벼대며 젊은이에 관해 말할 때면,
마치 눈 덮인 민둥산을 바라보며, 손을 비비며
이렇게 말하는 사람처럼 보인다
이번 여름은 얼마나 서늘할까
이처럼 눈이 많이 오니!

전쟁 준비가 착실하게 진행된다고

확실한 소식통에게서
들었다. 전쟁 준비가
착실하게 진행된다고
엄청난 식료품이
베르히테스가덴에 있는 어느
빌라 지하실31)에 비축되어 있다고
프로이센 수상32)의 궁전에는
수많은 넝마조각들이 있어서, 제3제국은
이것을 가지고 적어도 10년은 전쟁을 벌일 수 있다고. 슈판다우에는
한 산림관이 사는데, 그는 대규모 전쟁이 일어나도
진짜 주석으로 만든 담뱃갑 10개를
정부에 공급할 수 있다고
가장 중요한 것은 그러나, '기쁨을 통한 힘'이라는 조직이
삼백만 건의 노동자들의 신청을 접수하였는데,
이들은 멋진 탱크를 타고 가능하면 빨리
좀메 지방으로 아르곤 지방으로 그리고 만주 지방으로 가고 싶어 한다는 점이다.

이 모든 것은 절대적으로 확실한 사실이다. 우리끼리 이야기인데, 이 소식은 선전부에서 직접 전해준 것이다.

지도자에 대한 사랑

국민들이 지도자를 사랑하는 마음은 참으로 크다
그가 가는 곳이면 어디든지
검은 제복을 입은 사람들이 그를 둘러싼다
그를 그토록 사랑하여
한 시도 그에게서 눈을 뗄 수 없는 사람들이
그가 다방에 들어가 앉으면
곧장 어깨가 떡 벌어진 다섯 사내가 그에게로 가 앉아서
그와 담소를 나눈다
특히 나치 친위대는 그를 참으로 뜨겁게 사랑하여
다른 사람들에게 뺏길까 그에게
딱 달라붙어서, 너무나
질투심에 불타 있다. 언젠가 그가
몇몇 장군들과 함께 일주일 동안 순양함을 타고 항해를 하며
밤새 내내 오직 그들과만 시간을 보내자
나치 돌격대에서는 폭동이 일어나 그는
수백 명이나 사살해야 했다.

지도자가 모르는 것

수많은 평범한 사람들의 견해에 따르면
지도자는 모른다
교육부 장관이 늘 취해 있고
노동전선의 지도자는 맨정신일 때가 없고
선전부 장관은 입만 열면 거짓말을 하고
전쟁부장관은 전쟁을 준비하고
경찰부장관은 뇌물을 받고 업계지도자들이
국가에 불량품 기계를 납품하도록 허락한
항공부장관에 불리한 증거들을 갖고 있음을.
수많은 평범한 사람들의 견해에 따르면
지도자는 모른다
감옥과 진영에서 사람들이 맞아 죽고
단체에 소속된 아이들이 부모를 경찰에 고발하고
겨울 보조금이 사라지고 어떤 사람들은 여름에도 이 돈으로 살아가고
독일 어머니의 아들들이 스페인으로 팔려가고
산업계 인사들은 이윤을 세배나 늘리고 있음을.
수많은 평범한 사람들이 모른다고 믿고 있는 것들을
지도자께서 알고 있다면, 그는
몇몇 정직한 사람들을 불러와서
(수용소 진영의 사람들이 제일 좋을 터인데)
나는 나라의 시노사였소
라고 쓰인 팻말을 목에 달아 달라고 할 텐데
그리고 목에 팻말을 단 채, 파괴된 나라를 돌아다녀
모든 사람들이 다 알게 할 텐데.

그가 그렇게 할까? 당신들은 어떻게 생각합니까?

지도자가 듣고 싶어 하지 않는 말들

내각에는 잘 알려져 있다. 지도자가
"프로 Pro"라는 말로 시작하는 단어를 듣기만 해도 움츠려든다는 사실이
예컨대, "프롤레타리아", "산문", "도발" 혹은 "찬성과 반대"와 같은 단어를.
때로는 "매춘"과 "이윤"과 같은 단어도 그를 불안하게 만드는 것 같다[33]
이러한 단어를 그의 앞에서 언급하면
그는 무서워 위를 쳐다보며, 쫓기는 듯한, 죄의식을 느끼는 듯한 표정을 지으며
말하는 사람도 설명하기 힘든 표정을 짓는다
지도자를 곤란하게 만드는 또 다른 단어는
"그람 Gram"이라는 철자다, 예를 들면 "Gramm"이라는 단어에 나오는 철자 말이다.
작은 무게의 단위를 나타내는 이 철자는 예컨대 "문법"에도 나온다. 지도자는
이 두 철자를 사용하는 것을 혐오하기 때문에
특히 이 두 철자를 포함하는 단어는
어떤 상황에서도 그의 면전에서 말해져서는 안 된다는 것은 당연하다
따라서 당이나 연극 행사에서
'프로그램'이라는 단어는 "연설의 차례"라는 표기로 대체되었다.

수상의 근심

1

선전부 장관이 국민의 고통을 말할 때면
그는 몹시 충격을 받은 듯이 멈칫하다가 절규한다
우리 지도자의
머리카락 희어지신다고!

2

수상이 라디오에서 울부짖으면
사람들은 말한다. 왜 저렇게 힘을 들이지!
그들은 하루 종일 너무 힘을 들여서
스스로는 울부짖지도 못 한다.

3

모두가 알고 있다. 다가오는 전쟁은
수상을 잠들게 할 것이라고
수상이 스스로 잠들어
전쟁이 벌어지지 않으면
얼마나 좋을까?

4

이웃나리들은
우리나라를 경멸한다
경제난과 폭력을
큰 소리로 비판한다

우리 수상은 다른 나라 신문을 읽으면서
울기도 한다고 한다.
그러면 선전부 장관이 국민들에게
그의 눈물을 닦아 달라고 요구한다.

5
돈줄을 쥔 사람들이 요구하기에
수상이 친구들을 학살할 때에도
매우 심각했다고 한다.
국민에게 먹을 것이 없으면
그의 위가 꼬르륵 거린다고 한다.

6
우리나라를 전쟁으로 끌고 가며 파괴할 때에도
그는 어린 아이처럼 울 것이다.
그대의 아들과 남편이 쓰러지면
그가 한숨지을 것이다. 그대들이 다시 풀을 먹으면
그가 심각하게 바라볼 것이다
여기에서 그대들은 분명히 알 것이다
그대들 수상이 정말로 좋은 사람임을.

수상의 위로

가혹한 운명을 겪고 나서

수상은 위대한 연설을 통해
지지자들을 바로 세우려고 하곤 한다
꼴 베는 사람도
똑바른 이삭을 좋아한다고 한다.

유태인, 국민의 불행

정부의 확성기가 알리듯이
우리나라에서는 모든 불행이 싹은 유태인이다
점점 늘어만 가는 불행은
점점 줄어드는 유태인으로 인해서 생길 뿐이다
정부는 늘 강조하듯이
참으로 현명할 뿐이기에
대지주들이 들판에서 죽도록 일하고
루르지역 중공업 지도자는 노동자들의 식탁에서 떨어진 빵부스러기나 주워 먹어도
국민들이 굶주리는 것은 오로지 유태인 때문이다.
빵을 만들 밀이 없다면
그 배후에 유태인이 있기 때문이다.
훈련장과 병영에 쓰기 위해 군대가
하나의 지방에 맞먹는 넓이의
그토록 많은 토지를 몰수했으니. 유태인은
국민에게는 불행의 싹이니
국민으로서는 유태인을 식별하는 일이
그리 어려운 일이 아니다. 유태인을 식별하기 위해서는

신분증도 필요 없고, 외모의 특징도 필요 없이
- 이것들은 얼마든지 속일 수 있으니 - 단지 이렇게 묻기만 하면 된다
이 사람 혹은 저 사람이 우리에게 불행인지 아닌지를. 만일 불행이라면
그는 유태인임에 틀림없다. 불행을 우리는
코를 보고 아는 것이 아니라
그로 인해서 해를 끼친다는 것을 보고 안다. 불행은
코가 아니라 행동이다. 국민의 재산을 빼앗기 위해
특별한 코가 필요한 것은 아니다. 정부에
소속되기만 하면 될 뿐이다! 누구나 안다
국민에게는 정부가 불행임을. 따라서
모든 불행이 유태인에게서 온다면
정부도 유태인의 것임에 틀림없다. 이것 참 분명한 일이다!

예술가로서의 정부

1

궁정과 경기장을 짓는 데에
많은 돈이 들었다. 정부는
이 점에 있어서 젊은 예술가와 똑같다. 자기 이름을
날리는 일이라면
굶주림도 마다 않는 예술가와. 그러나
정부가 두려워 않는 굶주림은
다른 사람의 굶주림, 즉
국민의 굶주림이다.

2

예술가와 마찬가지로
정부는 온갖 초자연적인 힘들을 동원한다
정부에 아무런 말도 하지 않아도
정부는 모든 것을 알고 있다. 무엇을 할 수 있는지를
배우지 않았다. 정부는
아무것도 배우지 않았다. 정부의 교양은
매우 부족하나 마술과 같이
모두와 함께 이야기하고, 또 이해하지 못하는 것도
결정할 수 있는 능력을 지니고 있다.

3

알다시피 예술가는 바보일 수도 있고
위대할 수도 있다. 이 점에 있어서
정부는 예술가를 닮았다. 렘브란트가
손이 없이 태어났다 하더라도 다르게 그리지는 않았을 것이라고 말하듯이,
정부에 대해서도 이렇게 말할 수 있다. 정부는
머리가 없이 태어났어도 다르게 다스리지 않았을 것이라고.

4

놀랍게도 예술가의 경우에는
발견의 재주가 뛰어나다. 상황을 설명하는
정부의 말을 귀담아 들으면, 정부가 얼마나 꾸며내는지를
말할 수 있다! 예술가는
경제에 대해서는 오직 경멸할 뿐인데, 마찬가지로
정부도 경제를 경멸한다. 물론 정부를 후원하는

부자들이 있기는 하다. 그리고 모든 예술가와 마찬가지로
정부도 돈을
펌프질하듯 퍼 담아 살고 있다.

제3제국의 지속기간

1

지도자는 분명히 말한다. 제3제국이
3천 년은 갈 것이라고. 이 점에 대해서는
신분 높은 층에서는 추호의 의심도 없다. 의심은
신분 높은 층에서는 오로지 이런 것, 즉 제3제국이
이번 겨울을 넘길 수 있을까.

2

지도자는 분명히 말한다. 다가올 전쟁에서
승리할 것이라고. 이 점에 대해서는
신분 높은 층에서는 추호의 의심도 없다. 전쟁은
제일 많은 천연자원과 식료품
그리고 제일 오래 지속할 수 있는 병사를 가진 자가 이긴다.
따라서 탱크에 오르는 모든 병사가
충분히 오랫동안 그 안에 머물고
그들의 아내와 자식들은 무나 먹고
스틸케 할아버지는 열심히 쓰레기통을 뒤지며 양철이나 긁어먹으면
다가올 전쟁은 패배하게 될 것이다.

3
다음 번 세계대전은 우리가 이길 것이다
충분히 많은 쓰레기를 모으면. 이 점에 대해서는
신분 높은 층에서는 추호의 의심도 없다. 의심은 오로지
예를 들어 전화선이
구리가 아니라 알루미늄으로 만들어진 탓에
충분히 오랫동안 지탱할 수 있을지의 여부일 뿐. 지도자는 분명히 말한다
3천 년은 버틸 것이라고.

연극 비평 금지

선전부 장관이
정부에 대한 국민의 비판을 금지하려 하면서,
연극 비평을 금지했다. 정부는
연극을 너무나 사랑한다. 정부의 업적은
주로 연극 분야에 있다.
조명기사의 유능한 조작술
보다는, 고무 곤봉의
유능한 사용법에 더 많은 도움을 받고 있다.
정부의 장중한 연극공연은
라디오를 통해 제국 곳곳에 전해졌다
어떤 것은 8천 미터에 달하기도 하는
세 편의 거대한 영화에서
주연배우가 지도자의 역을 연기했나

국민들의 연극 감각을 키우기 위해
거의 강제적으로 공연을 관람시켰다.
매년 5월 1일
제국의 제1급 배우가
옛날의 노동자 역을 연기할 때
심지어는 관객들에게도 관람료를 지불했다. 1인당
2마르크씩. 바이로이트 인근에서 **제국의회 기념일**이라는 명칭으로 열린
축제공연에는 아낌없이 많은 비용을 썼다
수상 스스로
여기에서 백치로 등장하여
하루에 두 번이나
'**내가 누구인지 물어선 안 되오**'라는
유명한 아리아를 불렀다.
막대한 비용을 들인 그런 행사에는
일체의 비평도 불가능할 것이라는 점이 분명하다.
제국의 청소년 지도자인 발두르가 너무 짙게 화장을 했다거나
선전부 장관의 목소리가 잘못되어 사람들이
그의 말은 물론
휘어 기형이 된 그의 발까지도 믿지 않는다면 어떻게 될 것인가? 어쨌든지
이 모든 연극에서는 비판의 소리가 커지는 것은 무조건 금지되어야 한다. 그렇다
무엇이 공연되며
누가 공연비용을 대고 또
누가 주연을 맡는지도 말해서는 안 된다.

VI

이물에 앉아

맨 아래쪽 물이 새는 곳을 바라보는 그대여

시선을 돌리지 마라

그대도 죽음의 눈에서 벗어나 있지 않으니

망명자라는 명칭에 관하여

우리에게 부여된 망명자라는 명칭이 잘못되었다고 나는 늘 생각한다
이 말은 이주자를 뜻하는 것이 아닌가. 우리는
자발적인 결정으로, 다른 나라를 찾아서
이주해 나온 것이 아니다. 우리는 어떤 나라로
가능하면 영원히 머물기 위해 이주해 들어간 것도 아니다.
우리는 도망갔을 뿐이다. 우리는 추방된 사람, 쫓겨난 사람들이다.
우리를 받아준 그 나라는 고향이 아니라 망명지일 뿐이다.
우리는 가능하면 국경 근처에서 불안하게 앉아서
되돌아갈 날을 기다리며, 국경 너머에서 들려오는
작은 변화라도 잘 관찰하며, 새로 도착하는 사람에게
성급하게 물어본다. 잊은 것도 포기한 것도 없다
또 용서한 것도 없다. 일어나는 것들을 하나도 용서하지 않는다
아아, 해협의 고요가 우리를 속이지는 못한다! 우리는 듣는다
그들의 진영에서 이곳으로 들려오는 비명소리를. 우리 스스로가
국경을 넘어오는 저 비행의

소식처럼 되어가고 있다. 우리 모두는, 찢겨진 신발을 신고 군중을 지나가는
　　우리 모두는
우리나라를 더럽히는 저 오욕을 증언한다
그러나 우리 그 누구도
여기에 남지 않을 것이다. 마지막 말은
아직 말해지지 않았다.

망명기간에 관한 단상

1

벽에 못을 박지 마라
저고리는 의자에 던져 놓아라!
왜 나흘간씩이나 준비를 하느냐
내일이면 돌아갈 텐데!

저 작은 나무엔 물을 주지 마라!
왜 나무를 심느냐?
한 계단정도의 높이로 자라기도 전에
너는 기쁘게 이곳을 떠날 텐데!

모자를 얼굴에 눌러써라. 사람들이 지나가면!
왜 외국어 문법책을 들춰보느냐?
너를 고향으로 부르는 소식은
잘 알고 있는 언어로 씌어 있을 것인데.

벽의 석회반죽이 떨어지듯
(그것을 막으려 들지 마라!)
정의에 거슬러
국경에 세워진
폭력의 철책은 무너질 것이다.

2
네가 박아 놓은 벽에 있는 못을 보아라!
인제쯤 돌아갈 것이라고 너는 생각하느냐?
네 마음속에서 생각하고 있는 바를 믿고 싶으냐?

날이면 날마다
너는 해방에 관한 작업을 하고 있다
방구석에 처박혀 글을 쓰는 너는
네가 네 작업에 대해서 어떻게 생각하는지 알고 싶으냐?
마당 구석에 있는 밤나무를 보아라
너는 그 나무에게 물을 한 주전자 가득 끌고 가고 있구나!

노씨처

지붕에는 노 하나. 어지간한 바람에도
짚은 꿈쩍도 하지 않을 것이다.
마당에는 아이들을 위한 그네를 매달

기둥이 박혀 있다.
우편배달부는 하루에 두 번씩
편지를 기다리는 사람들을 찾아간다
해협을 건너오는 나룻배들
집엔 네 개의 문이 있다. 도망갈 문이.

그런데 당신의 나라에서는?

우리나라에서는 세모가 되면
그리고 일이 끝나거나 생일이 되면
행운을 빌어야 한다
우리나라에서는 목소리 큰 사람은
행운을 필요로 하니.

아무에게도 해를 끼치지 않는 사람은
우리나라에서는 바퀴에 깔리고 만다
그러나 재산은
오로지 악당 같은 짓거리를 통해서 번다.

점심식사에 가기 위해서는
용기가 필요하다
제국을 세울 정도의 용기가
죽음을 직시하지 않고는
비참한 사람을 도와줄 수 없다.

거짓을 말하는 사람은 잘도 봐주고
반대로 진실을 말하는 사람은
경호원을 두어야 할 지경이다
그러나 경호원 찾기도 어렵다.

충분한 이유가 있어서 수배되다

나는 유복한 부모의
아들로 자랐다. 부모는 내
옷깃을 여며주시고 보살핌을 잘 받으며
자라게 해주었으며
명령하는 법을 가르쳐 주었다. 그러나
내가 커서 주변을 둘러보자
나와 같은 계급의 사람들이 내 마음에 들지 않았다
명령하는 것도, 시중 받는 것도 마음에 들지 않았다
그래서 나는 내 계급을 떠나
천대받는 사람들과 어울렸다.

그래서
부모님은 배신자를 키워 그들의 방식대로
교육했으나 아들이
적들을 위해 부모님을 배반한 셈이 되었다.

그렇다, 나는 그들의 비밀을 발설한다. 민중들 사이에

서서 그들이 어떻게 거짓말을 하는지를
밝히고, 앞으로 어떤 일이 벌어질지를 예언한다. 나는 그들의
구상을 속속 알고 있으니.
뇌물 받은 그들의 성직자들이 쓰는 라틴어를
나는 단어 그대로 일상어로 옮기면, 그것은
잡설이 되고 만다. 나는 그들의
정의의 저울을 내려놓고 무게가 잘못되어 있음을
보여준다. 그러면 그들의 끄나풀들이 그들에게 보고한다
빼앗긴 사람들이 폭동을
모의할 때에, 내가 그들과 함께 앉아 있다고.

그들은 나에게 혹독하게 경고하며
노동을 통해서 벌어놓은 것을 빼앗아 간다. 그래도 내가 좋아지지 않자
그들은 나를 사냥한다. 그러나
내 집에는
국민을 배반하는 그들의 음모가 담긴
서류들만이 있을 뿐이었다. 그래서
그들은 나에 대해 현상금을 걸고
내가 불순한 성향을 지니고 있다는 죄목을 씌웠다. 그러나 그것이야말로
불순한 자의 성향이다.

어디를 가건 나는
가진 자들에 의해 그렇게 낙인이 찍혔다. 그러나 못가진 자들은
현상수배문을 읽고
나에게 피난처를 제공했다. 그들이
당신을 수배한 것은

충분한 이유가 있군요, 라고 하는 말을 나는 듣는다.

후손들에게[34)]

1

정말로, 나는 어두운 시대에 살고 있구나!

악하지 않은 말들은 바보 같다. 반들반들한 이마는
둔감함을 의미한다. 웃는 사람은
끔찍한 소식을
아직 듣지 못했을 뿐이다.

그토록 많은 비행에 관한 침묵을 내포한다 하여
나무에 관한 대화가 거의 범죄가 되는
이 시대는 도대체 어떤 시대인가!
유유자적 도로를 건너가는 저 사람을
곤경에 처해 있는 그의 친구들은
더 이상 붙잡을 수 없겠지?

내가 밥벌이를 안나는 것은 사실이다
그러나 믿어다오, 이것은 오로지 우연일 뿐이다. 내가
행하는 그 무엇도 내가 배불리 먹을 권리를 주지는 않는다

나는 우연히 운이 좋았을 뿐이다. (내 운도 다하면
나도 사라지겠지.)

사람들은 내게 먹고 마시라고 말한다! 가진 것을 기뻐하라고!
그러나 내가 먹는 것, 굶주린 사람들에게서 빼앗은 것이고
내 잔의 물이 목마른 자들에게는 없는데
어찌 내가 먹고 마실 수 있겠는가?
그래도 나는 먹고 마신다.

나도 현명해지고 싶다
옛 책에는 현명함에 대해 이렇게 쓰여 있다.
세상의 싸움을 피하고 짧은 시간이라도
근심 없이 보내며
폭력 없이 지내고
악을 선으로 갚으며
욕망을 채우지 말고 잊는 것,
이런 것이 현명하다고 여겨진다.
나는 이런 것들을 행할 수 없으니,
정말로 나는 어두운 시대에 살고 있구나!

2

굶주림이 횡행하는
혼란의 시대에 나는 도시로 왔다
나는 폭동의 시대에 사람들 사이로 가서

그들과 함께 분노했다
이 땅에서 내게 주어진 시간은
그렇게 흘러가 버렸다.

전투와 전투 사이에 나는 식사를 하고
살인자들 사이에 누워 잠을 잤다
아무 생각도 없이 사랑을 했고
참을성 없이 자연을 바라보았다
이 땅에서 내게 주어진 시간은
그렇게 흘러가 버렸다.

나의 시대에 길들은 늪으로 나 있었다.
내 언어는 내가 학살자들의 반대편에 서 있음을 알려주었다
내가 할 수 있는 일 거의 없었으나, 지배자들은
내가 없으면 더욱 확고하게 자리를 잡았다. 나도 그러길 바랐다.
이 땅에서 내게 주어진 시간은
그렇게 흘러가 버렸다.

힘은 약했고, 목표는
아주 멀리 있었다
내가 도달할 수는 없었지만
분명하게 볼 수는 있었다.
이 땅에서 내게 주어진 시간은
그렇게 흘러가 버렸다.

3

우리가 잠겼던
이 물결에서 다시 솟아나올 그대여
우리의 약점에 대해 이야기하게 되거든
이 어두운 시대를 생각해다오
비록 그대들은 피해갔지만.

신발보다도 더 자주 나라를 바꾸며
계급의 전쟁을 뚫고 우리는 지나갔다
오로지 불의만 있고, 분노는 없을 때면 절망한 채.

그래도 우리는 알고 있다
비속함에 대한 증오도
표정을 일그러뜨린다는 것을
불의에 대한 분노도
목소리를 쉬게 한다는 것을. 아, 우리는
친절함을 위한 발판을 마련하려 했던 우리는
스스로가 친절할 수 없었구나.

인간이 인간을 도와주는
시대가 되거든, 그대여
우리를 생각해다오
관용의 눈으로.

슈테핀 시편

Steffinsche Sammlung

정초왕 옮김

이것이 전부라네. 비록 충분치는 않아도
이걸 읽으면 자네들도 알 수는 있겠지. 내가 아직 여기 살아있음을.
자기 집의 모양새를 세상에 보여주겠다고
자기 집 벽돌을 지니고 다니던 사람과 내 처지가 꼭 닮았네.

1938년 봄

1

오늘, 부활절 이른 아침
눈보라가 갑작스레 섬[1]에 내렸다.
푸릇푸릇한 가시덤불 사이에도 눈이 쌓였다. 내 어린 아들이
작품을 쓰고 있던 나를 담벼락 옆 어린 살구나무로 데려갔다.
그 작품에서 나는 전쟁을 준비하는 자들을 손가락으로 지목하고 있었다.
그 전쟁은 분명 이 대륙을, 이 섬을, 내 민족을, 내 가족과 나를
몰살시킬 것이다.
조용히 우리는
얼어가는 나무 위에
거적을 덮어주었다.

2

해협 위로는 비구름이 덮여있지만, 태양은 아직 정원을
황금빛으로 가득 채우고 있다. 배나무에는
푸른 잎이 돋아나고 꽃은 아직 피지 않은데 반해, 벚나무에는
꽃은 피었지만 아직 잎이 하나도 없다. 하얀 꽃봉오리가
마른 가지에서 싹트는 것처럼 보인다.
물결치는 해협 위에
기운 돛을 단 작은 보트 한 척이 떠간다.

찌르레기 울음소리에
제 3제국
기동함대의
먼 함포 소리가 섞여든다.

3

해협 주변 버드나무에서
이른 봄밤에 종종 작은 올빼미가 운다.
농부들의 미신에 따르면 올빼미는
수명이 얼마 남지 않은 사람들에게
그 사실을 알려주는 새라고 한다.
내가 지배자들에 관해서 진실을 말했다는 것은
나도 잘 알고 있다. 그러니 저 죽음의 새가
새삼스레 내게 그것을 깨우쳐줄 필요는 없다.

버찌도둑

어느 이른 아침, 닭이 울기 오래 전에
나는 휘파람 소리에 깨어 창가로 갔다.
새벽 어스름이 정원을 가득 채우고 있었고, 내 벚나무 위에
기운 바지를 입은 한 젊은이가 올라앉아서
내 버찌를 신나게 따고 있었다. 나를 쳐다보곤

내게 인사를 하면서도, 두 손으로는
가지에서 버찌를 따 자기 주머니에 쑤셔 넣었다.
내가 다시 침대에 돌아와 누운 뒤에도 한참 동안이나
짧은 곡조를 즐겁게 불어대는 그의 휘파람 소리가 내게 들려왔다.

1940년

1

봄[2]이 온다. 부드러운 바람이
겨울 내 얼어붙은 암초 섬을 녹이고
북방의 민족들은 떨며 기다린다.
칠쟁이[3]의 전함을.

2

도서관 밖으로
살육자들이 걸어 나온다.
어머니들은 아이들을 꼭 껴안고 멈춰 선 채
넋을 잃고 뚫어지게 쳐다본다.
하늘에 떠 있는 학자들의 발명품을.

3

설계사들이 등을 구부린 채
제도실에 틀어박혀있다:
잘못 표시된 부호 하나 때문에 적의 도시들이
파괴를 모면한다.

4

안개가 뒤 덮는다
기리를
포플러를
농가들과
대포를.

5

나는 리딩외[4]라는 작은 섬에 있다.
그러나 요즈음 밤마다
나는 뒤숭숭한 꿈을 꾸었다. 꿈속에서 나는 어느 도시에 있었고
거리의 간판들이 독일어인 것을 발견했다.
목욕하듯 땀 흘리며
나는 깨어났고, 창가에 서있는
칠흑같이 검은 소나무를 바라보고서야 진정이 되었다.

내가 타국에 있다는 것을 깨달았던 것이다.

6

내 어린 아들이 묻는다. 수학을 배워야 하나요?
무엇 때문에, 라고 나는 말하고 싶다: 2개의 빵조각이 하나보다 더 많다는 것을
너 역시 깨닫게 될 텐데.
내 어린 아들이 묻는다. 영어를 배워야 하나요?
무엇 때문에, 라고 나는 말하고 싶다: 이 제국은 끝장날 것이고, 네가 단지
손바닥으로 배를 문지르며 신음소리만 내어도
사람들이 곧장 널 이해하게 될 텐데.
내 어린 아들이 묻는다. 역사를 배워야 하나요?
무엇 때문에, 라고 나는 말하고 싶다: 네 머리를 땅에 처박는 법을 배우기만 해도
넌 아마 살아남게 될 텐데.

그래, 나는 말한다, 수학을 배워라,
영어를 배워라, 역사를 배워라!

7

흰색으로 칠해진 벽 앞에
원고가 담긴 검은 군용 가방이 있다.
그 위에 구리 재떨이가 딸린 흡연용품이 놓여있다.
벽에는 회의(懷疑)하는 자[5]를 그린 중국 족자가 걸려있다.

가면(假面)[6]도 걸려있다. 그리고 침실 옆에는
작은 6극 진공관 라디오가 있다.
새벽에
나는 스위치를 돌려
내 적들의 승전보를 듣는다.

8

내 동포들로부터 도망쳐서
나는 이제 핀란드에 이르렀다.[7]
어제까지도 모르던 친구들이 깨끗한 방에
몇 개의 침대를 마련해 주었다.
라디오에서
나는 인간쓰레기[8]의 승전보를 듣는다. 호기심에
나는 대륙의 지도를 살펴본다. 저 위쪽 라플란드[9]에서
북극의 빙해 쪽으로
작은 문[10]이 하나 나있는 게 내 눈에 뜨인다.

덴마크의 피난처에 부쳐[11]

말해다오, 해협과 배나무 사이에 서있는 집이여:
피난민이 언젠가 너의 벽에 새겨두었던
진리는 구체적이다 라는 오래된 명세가

대규모 공습을 이겨내고 아직 거기 남아 있느냐?

핀란드 농장의 식품저장실 1940[12)]

오, 그늘 속에 저장되어 있는 음식이여! 어두운 전나무의
향기가 밤마다 쏴쏴 소릴 내며 네 안에 스며들고
큰 통에서 흘러나오는 달콤한 우유의 향기,
그리고 차가운 돌멩이로부터 나오는 훈제 베이컨의 냄새와 한데 뒤섞인다.

맥주, 염소젖치즈, 신선한 빵과
아침 이슬이 내릴 때 잿빛 덤불에서 따낸 딸기들!
오, 내가 이것들을 자네들에게 실어 나를 수만 있다면 얼마나 좋을까
바다 저편에서 배를 곯으며 전쟁을 치루고 있는 자네들에게!

프랑스에 대한 히틀러의 전쟁에서 전사한 자들을 위한 추모비[13)]

1

나의 마지막 바람은 그가 뒈지는 것.
너희도 들었겠지, 그가 철천지원수라는 걸. 그건 사실이야.

난 그런 말을 해도 돼. 내가 지금 어디 있는지
아는 건 오직 르와르 강과 한 마리 귀뚜라미뿐이거든.

2

만약 어떤 사람이 한 거대한 제국을
그것도 십팔일 만에 파괴했노라고 말하는 걸 듣는다면
당신들은 내게 묻겠지요. 그때 나는 어디 있었느냐고.
나도 그 짓을 같이 했답니다, 그러다 칠일 만에 죽었지요.

노르웨이에 대한 히틀러의 전쟁에서 수장된 4000명을 위한 추모비[14)]

우리는 모두 여기 카테가트 해협[15)]에 누워 있소.
가축수송선에 실려 이 밑으로 끌려왔던 것이오.
어부들이여, 당신들이 쳐놓은 그물에 고기가 많이 잡히거든
우리를 생각해서 한 마리쯤은 놓아 주구려!

연대기

루우스카넨의 말(馬)[16)]

세계공황이 시작되고 세 번째 겨울이 왔을 때
니발라의 농부들은 늘 하듯이 그들의 숲을 벌목해
노새로 그 목재를
강가로 날랐다. 그러나 그해
그들은 통나무 하나 당 5핀란드마르크 밖에 벌지 못했다.
그것은 꼭 비누 한 개 값이었다. 그리고 네 번째 봄이 왔을 때는
가을에 세금을 내지 못한 농부들의 농장들이 경매로 넘어갔다.
하지만 세금을 낸 농부들도
숲과 들일에 없어서는 안 될
말들에게 줄 사료를 살 돈이 없었고, 그래서 말들은 윤기 없는 피부에
갈비뼈가 앙상히 들어났다. 이때 니발라의 영지 주무관이
전답지에 있는 농부 루우스카넨에게 오더니 권세를 부리며
이렇게 말했다. 너는 동물을 괴롭혀서는 안 된다는 법이
있는 것도 모르느냐? 네 말을 좀 봐라. 갈비뼈가
앙상하게 드러나지 않았느냐? 이 말은
병이 들었으니, 도살장으로 보내야 한다.
그는 그 말을 남기고 갔다. 그러나 그가 사흘 뒤
다시 들렀을 때, 그는 루우스카넨이
마치 아무런 일도 없었다는 듯이, 법도 주무관도 존재하지 않는다는 듯이
깡마른 말을 데리고 다시 손바닥만 한 경작지에 나가있는 것을 보았다.

화가 난 그는
헌병 두 명에게 엄명을 내려
루우스카넨에게서 말을 빼앗아
그 학대받은 동물을 지체 없이 도살장으로 끌어가게 했다.
그러나 헌병들이 루우스카넨의 말을 끌고 마을을 통과하며
주위를 둘러봤을 때, 그들의 눈에는
점점 더 많은 농부들이 집 밖으로 달려 나와
그들이 끌고 가는 말 뒤를 따라오는 것이 보였다. 마을의 끝자락에 이르자
농부들은 머뭇거리며 멈춰서더니, 경건한 사람이자
루우스카넨의 친구인 농부 니스카넨이 제안을 했다.
말 먹이가 될 만한 것들을 마을 사람들이 모두 함께 긁어모아 볼 테니
그리하면 도축할 필요는 없어지지 않겠느냐는 것이었다. 그래서 헌병들은
말을 끌고 가는 대신에, 루우스카넨의 말을 위한
복음과도 같은 제안을 한 농부 니스카넨을 데리고 동물애호가인
주무관에게로 되돌아갔다. 들어보세요, 주무관님. 니스카넨이 말했다.
이 말은 병이 든 게 아니라, 단지 먹지 못했을 뿐입니다. 그리고 말이 없으면
루우스카넨도 굶어 죽게 될 것입니다. 만약에 그의 말을 도축하신다면
곧 그 사람마저도 도축할 수밖에 없게 되실 것입니다. 주무관님.
주무관이 물었다: 너는 대체 내게 무슨 말을 하는 것이냐? 그 말은
병이 들었으며, 법은 법이다. 따라서 말은 도축되어야만 한다.
근심스럽게 두 헌병은
니스카넨과 함께 다시 되돌아가서는
루우스카넨의 마구간 밖으로 루우스카넨의 말을 끌어내어
그 말을 도살장으로 데려갈 준비를 했다. 그러나
그들이 다시 마을 입구에 이르렀을 때, 거기에는 50명
농부들이 마치 커다란 바위처럼 모여서서 말없이

그 두 명의 헌병을 응시하고 있었다. 말없이
그 둘은 그 비루먹은 말을 마을 입구에서 되돌려주었다.
그리고 여전히 아무 말 없이
니발라의 농부들은 루우스카넨의 비루먹은 말을
다시 마구간으로 데리고 갔다.
'이것은 반란이야'라고 주무관이 말했다. 그 다음날
오울루에서 기차를 타고 12명의 헌병들이 중무장을 하고서
초원으로 둘러싸인, 화평하게 자리 잡은 니발라로
왔으니, 그것은 오로지 법은 법이라는 것을
증명하기 위함이었다. 그날 정오에
농부들은 깨끗한 벽 발코니에서 그들의 무기를
꺼내들었다. 성경구절이 적혀있는
현판 옆에 걸려있던 그 오래된 총들은
1918년 내전[17] 때 공산주의자들과 맞서 싸우라고
그들에게 주어진 무기들이었다. 이제
농부들은 그 무기를 오울루에서 온
12명의 헌병들을 향하여 겨냥했다. 그날 저녁 이미
인근 여러 마을에서 와 있던 300명의 농부들이
교회에서 멀지 않은 언덕 위에 있는 주무관의 집을
포위했다. 주저하며 주무관은
계단 위로 올라가, 때 한번 묻지 않은 깨끗한 손을 들어 인사를 하고는
루우스카넨의 말을 살려주겠노라고 약속하는
미사여구를 늘어놓았다. 그러나 농부들은
이제 더 이상 루우스카넨의 말에 대해서 말하는 것에 그치지 않고,
강제경매를 중지하고, 세금을 면제해줄 것까지
요구했다. 놀라 죽을 뻔 했던

주무관은 급히 전화기로 달려갔다. 농부들은
법이 있다는 사실 뿐만 아니라 주무관의 집에
전화가 있다는 사실도 잊어버리고 있었기 때문이었다. 그리하여
주무관은 전화로 헬싱키에 긴급구조요청을 했고, 그날 밤
수도인 헬싱키로부터 일곱 대의 버스를 타고서
기관총으로 무장한 이백 명의 군인들이 맨 앞에 장갑차를 앞세우고
마을로 출동했다. 이 병력으로
농부들은 진압되었고, 민가에서 구타를 당했으며
그 주동자들은 니발라의 법정으로 끌려가서,
징역 1년 반을 선고 받았는바, 그 명분은
니발라의 질서를 다시 바로잡기 위함이었다.
그러나 그 후 이들을 사면해달라는
많은 청원서들이 제출되었고, 이에
총리가 개인적으로 개입했는데
정작 사면을 받은 것은 오직 루우스카넨의 말 뿐이었다.

계시록[18)]

오래된 새 것[19)]의 퍼레이드

나는 언덕 위에 서서, 오래된 것이 다가오는 것을 보고 있었다. 그런데 그것은 마치 새로운 것인 양 다가오고 있었다.

그것은 어디에서도 아직 본 적 없던 목발에 의지해서 기어오고 있었다. 그리고 어디에서도 아직 맡아본 적 없던 새로운 부패의 냄새를 풍기고 있었다.

돌멩이가 마치 최신 발명품이나 되는 듯 굴러 지나갔고, 제 가슴을 북치듯 두들겨대면서 외쳐대는 고릴라의 포효 소리가 마치 최신 악곡이나 되는 듯 연주되었다.

새로운 것이 수도를 향해 몸을 움직여 가고 있을 때, 파헤쳐져서 텅 빈 무덤들을[20)] 어디에서나 찾아볼 수 있었다.

공포를 불러일으키는 존재들이 사방에 둘러서서 이렇게 외쳐대고 있었다. 새로운 것이 여기 오고 있다. 이 모두가 새로운 것이니, 새로운 것을 환영하고, 우리처럼 새로워지도록 하라! 그런데 들리는 소리가 오로지 그들의 부르짖음뿐인 반면, 눈에 보이는 것은 부르짖지 않는 이들의 모습뿐이었다.

이처럼 오래된 것은 새로운 것으로 변장을 하고서 걸어 들어왔다. 그러나 개선행진을 하면서 그것은 새로운 것과 나란히 걸었고, 그것이 오래된 것인 양 전시를 했다.

새로운 것은 사슬에 묶이고 누더기를 입은 채 걸어가고 있었는데, 작렬하는 사지가 드러나 있었다.

행렬은 밤에 움직이고 있었다. 그러나 하늘은 붉은 빛으로 타오르고 있어서, 마치 아침노을이기나 한 듯이 보였다. 그리고 이렇게 외쳐대는 소리가 들려왔다. 새로운 것이 여기 오고 있다. 이 모두가 새로운 것이니, 새로운 것을 환영하고, 우리처럼 새로워지도록 하라! 포성이 모조리 뒤덮어버리지만 않았더라면, 그 소리는 아마 더 잘 들렸을는지도 모른다.

거대한 바벨의 분만[21)]

진통이 시작되었을 때, 그녀는 가장 깊은 내실로 들어가 의사들과 점쟁이들로 에워싸였다.

웅성거리는 소리가 들리기 시작했다. 유력한 남자들이 심각한 얼굴로 집안으로 들어갔다가는 창백해진 채 근심어린 얼굴을 하고서 물러 나왔다. 그리고 화장품 가게들마다 하얀 분가루의 가격은 두 배로 뛰었다.

거리에는 민중들이 모여 들어, 아침부터 저녁까지, 굶주린 채로 서 있었다.

들려온 첫 번째 소리는 마치 거대한 방귀소리처럼 대들보를 울렸고, 이어서 "**평화!**"라는 엄청난 외침 소리가 뒤따랐는데, 더불어 악취가 더 심해졌다.

곧바로 가는 물줄기의 분수에서 피가 용솟음쳐 나왔다. 그리고 이제 소음들이 끝도 없이 연이어 터져 나왔는데, 하나같이 소름끼치는 소리들이었다.

거대한 바벨이 토하자 **자유!** 처럼 울렸고, 기침을 하자 **정의!** 처럼 울렸으며, 재차 방귀를 뀌자 **번영!** 처럼 울렸다. 그리고 피투성이의 아마포에 쌓여 낑낑대는 아귀 하나가 발코니 위로 옮겨져, 종소리가 울려 퍼지는 가운데 군중들에게 모습을 드러냈으니 그 아이의 이름은 **전쟁**. 그에게는 조상이 수도 없이 많았다.

돌을 낚는 어부[22)]

위대한 어부가 다시 나타났다. 그는 그의 낡아빠진 보트에 앉아 물고기를 잡는다. 첫 램프가 타오르는 아침 일찍부터, 마지막 등이 꺼져가는 저녁까지.

주민들은 제방의 자갈 위에 앉아 그를 비웃으며 바라본다. 그는 청어를 낚으려 하지만, 치켜들어 올리는 것은 돌 뿐이다.

모두가 웃음보를 터뜨린다. 우스운 나머지, 남자들은 허벅지를 때리고 아낙들은 배를 움켜쥐고, 아이들은 공중으로 팔짝팔짝 뛴다.

그 위대한 어부는 찢어진 그물을 높이 들어 올려 그 안에 돌이 들어찬 것을 발견할 때면, 그것을 숨기는 것이 아니라, 구리 빛으로 탄 억센 팔을 쭉 뻗어서 돌을 집어 높이 쳐들어, 그 불행한 사람들에게 그것을 보여준다.

전쟁의 신

나는 절벽과 암벽 사이 늪 위에 서 있는 늙은 전쟁의 신을 보았다.

그는 공짜 맥주와 페놀의 냄새가 났고, 미성년자들에게 자기 불알을 보여주고 있었다. 왜냐하면 그는 몇몇 교수들 덕분에 회춘을 한 상태였기 때문이다.

그는 목이 쉰 늑대 소리로 모든 젊은이들에게 자신의 사랑을 서약했다. 그 옆에 선 임신한 한 여인이 서서 몸을 떨고 있었다.

아무런 부끄러움도 없이 이야기를 이어나가면서 그는 위대한 질서의 신봉자로서의 자신의 모습을 연출했다. 그리고는 곳간을 정돈한다는 명목으로 도처에서 어떻게 그것을 비워버렸는지를 묘사해주었다.

그리고 마치 참새들에게 빵부스러기를 던져주듯이, 그는 가난한 사람들에게서 빼앗은 빵 껍데기를 그 가난한 사람들에게 먹이로 주었다.

그의 목소리는 때로는 컸고, 때로는 나지막했지만, 결국 언제나 쉰 목소리였다.

큰 목소리로 그는 다가오는 위대한 시대에 대해 말했고,[23)] 나지막한 목소리로 아낙네에게 까마귀와 갈매기를 요리하는 방법을 가르쳤다.

그러면서도 그는 자신의 등 뒤를 늘 불안해했고, 누가 자기를 등 뒤에서 단도로 찌르려 하기라도 하는 듯이[24)] 계속해서 주위를 둘러보았다.

그리고 5분마다 그는 청중들에게 확신시켜주고자 하였다. 자신은 그저 아주 짧은 동안만 나타나 있을 생각이라는 것을.

악덕들과 미덕들의 점호[25)]

최근 개최되었던 억압의 야회에서 모모 저명인사들이 트롬본 반주 아래 모습을 드러내어 자신이 권력자들과 친분이 있음을 이렇게 증언했다.

복수심은, 양심처럼 분장을 하고서는, 결코 단념하지 않는 자신의 기억력을 시연해 보여주었다. 이 작은 불구자는 엄청난 박수갈채를 획득했다.

조야함은 어찌할 바를 모르고 주변을 둘러보며 등장하더니 연단 위에서 발이 미끄러지는 불행을 겪었다. 그러나 그는 화가 치밀어 바닥 위를 발로 굴러 구멍을 냄으로써 모든 일을 잘 해냈다.

교양혐오증이 뒤를 이어 모습을 드러내더니 무지한 자들에게 인식의 무거운 짐을 벗어 던지도록 주둥아리에 거품을 물고 간청했다. "더 잘 아는 사람들에 맞서 싸우자!"라는 것이 그의 슬로건이었다. 그러자 아무 것도 모르는 자들은 일하여 닳아빠진 자신들의 어깨 위에 그를 무등 태워 연회장 밖으로 데리고 나갔다.

굴종도 모습을 드러냈는데, 위대한 단식술사처럼 처신을 했다. 그는 물러나기 전에 그가 높은 지위들을 마련해준바 있었던 몇몇의 살찐 사기꾼들에게 머리를 조아렸다.

남의 불행을 기뻐하는 마음은 인기 있는 희극배우로서 홀 안의 분위기를 띄웠다. 그렇지만 그는 서혜부 탈장[26)]이라는 작은 사고를 당했다.

선전공연의 제2부에서는 위대한 스포츠맨인 **공명심**이 제일 먼저 그 모습을 드러냈다. 그는 너무 높이 공중으로 뛰어 오르다가 작은 머리가 천장의 들보에 부딪혀 다치고 말았다. 그러나 그때도 물론이고, 축제의 주재자가 훈장을 맨살에다 긴 바늘로 꽂아주었을 때도 그는 눈썹 하나 까딱하지 않았다.

정의는 아마도 극도의 긴장 때문인지 약간 창백한 모습으로 자신을 소개했다. 그는 사소한 얘기들을 했고, 가까운 장래에 보다 더 포괄적인 연설을 할 것을 약속했다.

지식욕은 젊고 힘센 사내로서, 공적인 폐해를 초래한 구부러진 코[27)]의 죄악에 대해 정권이 어떻게 그의 눈을 열어 주었는지를 보고했다.

키가 크고 마른, 정직한 얼굴을 가신 젊은이인 **희생정신**이 온통 굳은살이 박인 손에 모조 주석으로 만든 커다란 접시를 들고 걸어 나왔다. 그는 노동자들의 푼돈을 긁어모았고, 낮고 기운이 다 빠진 목소리로 이렇게 말했다. 여러분의 아이들을 생각하세요!

질서도 역시 대머리에 투구를 쓰고서 연단 위로 모습을 나타냈다. 그는 거짓말쟁이들에게 박사학위 증서를, 살인자들에게는 외과의사면허를 나누어줬다. 밤에 뒷마당에 있는 큰 쓰레기통에서 훔쳐왔음에도 불구하고, 그의 잿빛의 옷에는 먼지 하나 없었다. 약탈당한 자들이 끝도 보이지 않는 긴 대열을 이루어 그의 책상 옆을 지나갔고, 그는 혈관이 실룩거리는 손으로 모두에게 영수증을 써주었다.

그의 누이인 **절약**은 빵 껍데기가 담긴 바구니를 꺼내 보여줬는데, 그것은 그녀가 병원 환자들의 입에서 잡아채온 것들이었다.

근면은 죽음에 내몰린 사람처럼 숨을 헐떡이면서, 목에 피멍이든 채찍 자국을 한 채 무료공연을 행했다. 그는 사람이 코를 풀기 위해 필요한 것보다도 더 짧은 시간에 수류탄을 하나씩 만들어냈다. 그리고 미처 아! 소리도 내기 전에 그는 덤으로 이천 명의 가족을 살해할 수 있는 분량의 독가스를 끓여냈다.

이 모든 저명인사들, **추위**와 **배고픔**의 아들이자 손자인 그들이 민중들 속에 모습을 드러내어, 자신들이 **억압**의 하인들임을 가차 없이 고백했다.

[부록]

[슈테핀 시편에 속하는 다른 시들]

5

(욕실에서)[28]

국무장관이 욕조 안에 누워있다. 그는 손으로 눌러서
목제 손잡이가 달린 브러시를 수면 아래 가라앉히려고 시도한다.
어린아이 같은 놀이 속에
진심이 숨어 있다.

핀란드의 에피그람

작은 라디오에 부쳐

피난길에 가져온 너 작은 상자
진공관들이 부서지지 않도록
집에서 배로, 배에서 기차로 애지중지 날라 왔지
적들이 계속해서 내게 말을 건넬 수 있도록:

내가 묵는 곳에서, 비록 고통스러울망정
새벽녘 잠깬 직후부터 늦은 밤 잠들기 직전까지
그들의 승리와 나의 노력에 대해서:
갑자기 벙어리가 되지는 않겠노라고, 약속해주렴!

파이프들

국경으로 쫓겨나며 책들을
친구들에게 맡겼기에. 나에게는 읽을 시(詩)가 한 편도 없다.
그래도 난 나의 담배쌈지와 파이프들은 가지고 왔다.
아무것도 지니지 말라! 라는 피난민의 세 번째 규칙을 어기면서까지.

자기를 잡기 위해 다가오는 자들을 기다리는 사람에게
책들은 많은 걸 말해주지 않지만
작은 가죽주머니와 오래된 파이프들은
그를 위해 장래에 더 많은 일을 해줄 수 있을지니.

나는 탱크전에 관해 읽고 있다[29)]

흘러가버린 시절에 구슬치기를 하며
나와 우열을 겨루던 너, 레히 강변 염색공의 아들아
지금 아름다운 플랑드르로 굴러 내려가는

장갑차의 먼지 속에서 너는 어디에 있느냐?

깔레로 떨어져 내린 살육자의 폭탄들
방적공장의 직조공의 아들아, 그게 바로 너였느냐?
아, 내 어린 시절의 제빵사의 아들아
피비린내 나는 상파뉴의 울부짖음이 너를 향한 것이더냐?

소네트

핀란드 풍경

물고기 가득한 호수들이여! 나무들 아름답게 우거진 숲이여!
자작나무와 딸기의 향기여!
온통 대기를 뒤흔드는 다양한 음색의 바람이여
저기 하얀 빛깔의 농장으로부터 굴러오는
저 쇠로 된 우유보관용기가 열려있었기나 하듯 부드럽기만 하구나!
향기와 음색과 모습과 감각이 은은히 사라져간다.
피난민은 오리나무 골짜기에 앉아서
그의 힘든 수작업을 다시 시작한다. 희망 품기를.

그는 아름답게 쌓인 이삭들과
불을 좋아하는 강한 생명체도 잘 살피지만

곡식과 우유를 먹지 못하는 사람들도 역시 잊지 않는다.
그는 통나무를 실어 나르는 나룻배에게 물어본다
이것이 바로 의족을 만드는 데 없어서는 안 될 그 목재인가요?
그리고는 두 언어[30]로 침묵하는 하나의 민족을 본다.

계시록

서기 1938년의 토론

나는 네 개의 언덕 위에 서 있는 그들을 보았다. 두 명은 울부짖고, 두 명은 침묵하고 있었다. 그들 넷은 모두 그들의 하인들, 동물들과 물품들로 둘러싸여 있었다. 어떤 언덕이건 그 위에 있는 하인들은 모두 창백하고 야위어 있었다.

네 명 모두 화 나 있었다. 두 명은 손에 칼을 가지고 있었고, 두 명은 아직 칼을 빼들지 않고 장화에 꽂아놓고 있었다.

둘은 이렇게 외쳤다. "돌려다오. 너희들이 우리에게서 약탈한 것을! 그렇지 않으면 불행이 닥칠 것이다!" 그런데 나머지 둘은 남의 일인 듯 말없이 날씨를 살펴보고 있었다.

둘은 외쳤다. "우리는 배가 고프다. 그렇지만 우리는 무장을 하고 있다." 그러자 다른 둘이 말하기 시작했다.

그들은 점잖게 말했다. "우리가 너희에게서 빼앗은 것은 아무 가치도 없고, 얼마 되지도 않으며, 너희를 배부르게 해주지 못한 것이었다." 다른 둘이 외쳤다. "그것이 아무 가치가 없다면, 그것을 이리 돌려다오."

점잖은 자들이 말했다. "칼이 우리 맘에 거슬리는구나. 그것을 치워버린다면 너희들은 무언가를 얻을 것이다." 배고픈 자들이 외쳤다. "공허한 약속이다. 우리가 칼을 지니고 있지 않았을 때, 너희들은 약속조차도 하지 않았다!"

점잖은 자들이 물었다. "왜 너희들은 쓸모 있는 물건은 만들어내지 못하느냐?" 배고픈 자들이 화가 나서 대답했다. "너희들이 우리에게 그것을 못 팔게 했기 때문이다. 그 때문에 우리는 칼을 만들어낸 것이다."

하지만 그들 자신은 배가 고프지 않았기에, 그들은 배가 고픈 그들의 하인들을 계속 가리켜보여줬다. 그러자 점잖은 자들이 마주 보고 말했다. "우리의 하인들도 배고프기는 마찬가지다."

그리고는 그들은 울부짖음이 멈추도록 협상을 하기 위해 자신들의 언덕에서 아래로 내려갔다. 언덕 위에는 배고픈 자들이 너무 많이 있었기 때문이었다. 다른 두 사람도 자신들의 언덕에서 내려왔고, 대답 소리는 나지막해졌다.

두 사람이 말했다. "우리끼리니까 하는 말인데, 우리는 우리 하인들 덕분에 먹고 산다." 다른 두 사람도 고개를 끄덕이며 말했다. "그것은 우리도 마찬가지야."

호전적인 자들이 말했다. "만약 우리가 아무 것도 얻어내지 못한다면, 우리는 너희들과 맞서 싸우도록 우리의 하인들을 보낼 것이고, 너희들은 패전할 것이다." 평화적인 자들은 미소를 지었다. "아마도 패전하는 쪽은 너희들이겠지."

호전적인 자들이 말했다. "그래. 아마도 우리가 패전할지도 모르지. 그렇게 되면 우리의 하인들이 우리에게 달려들어 우리를 죽일 거야. 그리고는 너희들의 하인들과 함께 어떻게 하면 너희들을 죽일 수 있는지에 대해 이야기를 나누겠지. 왜냐하면 주인들이 이야기를 나누지 않으면, 하인들이 이야기를 나누게 되는 것이거든."

평화적인 자들이 깜짝 놀라서 물었다. "너희들에게 필요한 것이 무엇이냐?" 그러자 호전적인 자들이 주머니에서 거대한 목록을 꺼냈다.

하지만 네 명 모두는 마치 한 사람처럼 일어서서는 하인들 모두에게로 몸을 돌려 큰 소리로 이렇게 말했다. "우리는 지금 우리가 어떻게 하면 평화를 유지할 수 있을 것인지 논의하고 있는 중이다."

그리고는 앉아서들 목록을 검토했는데, 그것은 너무도 길었다.

결국 평화적인 자들은 화가 나서 얼굴이 붉어지며 이렇게 말했다. “너희들은 먹고 사는데 우리의 하인들 덕까지도 보기를 원하는 구나.” 그리고 자기들의 언덕으로 되돌아가버렸다.

그러자 호전적인 자들 역시 자기들의 언덕으로 되돌아갔다.

나는 그들 네 명 모두가 네 개의 언덕 위에 서서 외치고 있는 것을 보았다. 네 명 모두 손에 칼을 쥐고 있었으며, 자신들의 하인들에게 이렇게 말하고 있었다. “저기 저편에 있는 자들이 원하는 것은 너희들이 자기들을 위해 일하는 것이다! 그러니 전쟁으로 판가름할 수밖에 없게 되었다.”

할리우드 비가

Hollywoodelegien

김길웅 옮김

1

할리우드라는 마을은 이곳 사람들이 천국에 대해서 가지고 있는
표상에 따라 설계되었다. 이곳
사람들은 생각한다. 신은
천국과 지옥을 필요로 하다가, 둘을
다 만들 필요가 없어
하나만을, 즉 천국만을 설계했다고. 이 천국은
재산이 없는 사람, 성공하지 못한 사람에게는
지옥이다.

2

해변에는 석유시추탑이 서 있다. 계곡에는
금세광부의 해골이 창백해져 간다.[1] 그들의 아이들이
할리우드의 꿈의 공장을 건설하였다.
네 개의 도시[2]는
영화의
기름 냄새로 가득 차 있다.

3

로스앤젤레스의 천사들은
미소 짓느라 지쳐 있다.[3] 저녁이면

그들은 과일가게 뒤편에서
절망한 채 최음제 향기가 든
작은 병을 판다.

4

녹색의 후추나무 아래에서
음악가들이 몸을 팔고 있다. 시나리오 작가들과
둘씩 짝을 지어 작가들과. 바흐는
매춘사중주곡[4]을 갖고 나왔다. 단테는
깡마른 엉덩이를 흔든다.

도시는 천사의 이름을 따서 지었고[5]
어디에서든지 천사를 만난다.
천사들은 기름 냄새가 나고 황금 페서리를 끼고
눈 주위엔 파란 반점이 돋은 채
아침마다 수영장[6]에서 작가에게 먹잇감을 먹여준다.

매일 아침, 내 빵을 벌러
나는 시장으로 간다, 거짓이 거래되는 시장으로
희망에 가득 차서
나는 판매인들 사이에 줄을 선다.

할리우드라는 도시는 내게 가르쳐 주었다
천국과 지옥이

하나의 도시일 수 있음을. 무일푼인 사람에겐

천국이 지옥이다.

언덕에는 황금이 발견되고
바닷가엔 기름이 발견된다.

상당한 재산이 있으면 한 밑천 마련할 꿈이 부푼다

이곳에서 셀룰로이드 영사막에 그려지는

행복에 대한 꿈은 훨씬 더 많은 돈을 끌어 모은다.

네 도시 위엔 폭격기 조종사가 선회한다
방어용 폭격기가. 아주 높은 상공에서

탐욕과 비참의 냄새가

그들에까지 올라오지 않도록.

전쟁교본

Kriegsfibel

이승진 옮김

bertolt brecht

KRIEGSFIBEL

이제 우리의 노동자들은 민중이 소유하고 있는 공장에서, 농부들은 집단농장에서 일하게 되었으며, 지식인들은 새로운 건설에 매진하고 있습니다. 또한 우리의 젊은이들은 행복의 첫 배급품들을 즐기고 있습니다. 그런데 무엇 때문에, 하필이면 지금 이들에게 지나간 시절의 이 어두운 사진들을 보여주려는 것일까요?

과거를 잊는 사람은 그 과거로부터 벗어나지 못합니다. 이 책은 사진을 해독하는 기술을 가르치려 합니다. 그 이유는 훈련받지 못한 사람들에게는 사진 해독이 상형문자를 해독하는 것과 마찬가지로 어렵기 때문입니다. 자본주의가 세심하면서도 야비한 방법으로 유지시키고 있는 사회의 연관관계에 대해 사람들은 너무도 모르고 있습니다. 그리고 이러한 무지로 인해 잡지에 실리는 수천 장의 사진은 그야말로 상형문자로 그려진 그림들이 되어 아무것도 모르는 독자들에게는 해독 불가능한 것이 되고 있습니다.

루트 베를라우

잠결에 이미 그 길을 달려 보았던 사람처럼
난 그 길을 알고 있네, 파멸로 통한 그 좁은 길을.
그 길은 우리의 숙명
자면서도 나는 그 길을 찾을 수 있다네. 제군들도 같이 가겠는가?

"이보게 형제들, 지금 무얼 만들고 있나?" "장갑차라네"

"그럼 겹겹이 쌓여 있는 이 철판으론?"

"철갑을 뚫는 탄환을 만들지."

"그럼 이 모든 것을 왜 만들지?" - "먹고 살려고."

스페인 1936

스페인 해변, 물 밖으로 나와
돌투성이 바닷가로 올라서면, 여인들은 자주
보게 된다네. 팔과 가슴에서 묻어나는 검은 기름을,
가라앉은 선박들의 마지막 흔적을.

"전쟁의 승자 후안 야구에 장군이 바르셀로나의 카탈루냐 광장에서 노천미사를 드리고 있다. 무릎 꿇고 있는 장군의 뒤에는 그가 앉을 옥좌가 마련되어 있다. 뒤 배경에 콜롱 호텔이, 장군 뒤에는 마틴 아론소, 바론, 베가 장군들이 보인다."

교회 종이 울리고 기관총 축포가 터진다.
신께 감사드려라! 신자로서, 학살자로서
총질할 수 있는 열정을 주신 그분께.
명심해라, 민중은 미친한 상놈들이며, 신은 파시스트이다.

폴란드 침공

만약 어떤 사람이 한 거대한 제국을
그것도 십팔일 만에 파괴했노라고 말하는 걸 듣는다면
당신들은 내게 묻겠지요. 그때 나는 어디 있었느냐고.
나도 그 짓을 같이 했답니다. 그러다 칠일 만에 죽었지요.

노르웨이 침공

1
지구 북단에서도 치솟는 화염,
전투의 굉음은 조용한 바닷가로도 밀려들었다.
"여보시오, 어부 양반, 당신네를 죽이러 이곳에 왔던 사람이 누구요?"
"캄캄한 밤의 보호를 받으며 나타난 보호자들이었지요."

여기 카테가트 해협에 팔천 명이 누워 있소.

가축수송선에 실려 이 밑으로 끌려왔던 것이오.

어부들이여, 당신들이 쳐놓은 그물에 고기가 많이 잡히거든

우리를 생각해서 한 마리쯤은 놓아 주구려.

네덜란드, 벨기에, 프랑스 침공

"알베르트 운하 전선을 공격하기 위해 기차 밑에서 나타난 이 독일 침략군들은 젊고, 강인하고 잘 훈련되어 있었다. 총 240개의 사단 병력이 투입되었다. 비행기와 탱크 없이는 침공이 불가능하다고 전 세계가 믿고 있었지만, 실제로 이들은 결정적인 지점에 화력을 집중시키는 낡은 전술로 침공에 성공하였다."

erman assault troops, here emerging from beneath railroad rs to attack the Albert Canal line, were young, tough and sciplined. In all, there were 240 divisions of them. But despite the world's idea that the conquest was merely by planes and tanks, it actually depended on the old-fashioned tactic of a superior mass of firepower at the decisive point.

대 전차선에 투입되기 직전

적진을 망보는 너희 모습이 보이는구나.

눈에 들어오는 적이 프랑스인이었니?

너희를 감시하는 너희 중대장은 아니었니?

적군이 보이지 않는 거리!

노시는 숙었다, 파편 반세!

이처럼 질서가 잡혀 있던 적이 루베에선 없었다.

그 실서가 승리했다, 그리고 이젠 완벽하게 지배하고 있다.

나의 마지막 바람은 그가 뒈지는 것.
너희도 들었겠지, 그가 철천지원수라는 걸. 그건 사실이야.
난 그런 말을 해도 돼. 내가 지금 어디 있는지
아는 건 오직 르와르 강과 한 마리 귀뚜라미뿐이거든.

점령지 파리

“파리에 벌써 봄이 찾아왔다. 이 사진에서 우리는 봄을 상징하는 한 전형적인 모습을 볼 수 있다. 센 강 둑에서 진지하게 낚시하는 사람들이 보이기 시작한 것이다. 올해에는 그 어느 해보다 낚시꾼이 많을 것이다. 그것은 굶주림의 결과이다.”

Våren har redan anlänt till Paris och här ovan ses ett av de mest typiska vårtecknen, fisket från kajerna vid Seinen har kommit i gång på allvar — och i år är fiskarnas antal kanske större än någonsin, står i direkt proportion till matbristen.

우리의 휘황찬란한 도시 한복판에서,

이곳으로 숨어든 작은 물고기 한 마리를 정복하기 위해

보잘것없는 한 끼 식사를 위해 낚시질하는 우리가 보입니까?

히틀러와 우리나라 높은 양반들에게 정복당한 우리가.

"독일인들은 이 프랑스인에게 '친절'했다. 그들은 그가 총살당하기 전에 그의 눈을 가려 주었다."

The Germans were "kind" to this Frenchman. They blindfolded him before he was shot.

그렇게 우린 그를 담벼락에 세웠다.

우리와 같은 인간을, 한 어머니의 아들인

그를 죽이기 위해. 그리고 세계가 이 사실을

알 수 있도록 우린 이 사진을 찍었다.

"**리온 포이히트방어**(카메라를 정면으로 보고 있는 사람)가 치겔호프 강제수용소의 철조망 뒤에 서 있다. 지금까지 공개되지 않았던 이 사진은 그가 프랑스를 탈출할 때 숨겨 갖고 나온 것이다."

N FEUCHTWANGER (facing camera) behind the barbed wire in the brickyard concentration camp. This hitherto unpublished picture was smuggled out of France by Mr. Feuchtwanger.

그는 그들의 적에게도 적이었다네, 그런데도
그에겐 용서받을 수 없는 그 무엇이 있었나 보이.
알아두게, 독일인이면 모두 똑같다고
그들이 그를 반도로 몰아 감옥에 처넣었던 것이라네.

페탱과 라발. 비시 정부의 수반들, 조국을 배반한 나치스의 협력자들

독일인들보다 이들을 그 국민들은 더 증오한다.

독일인들보다 프랑스인들을 더 두려워하면서

인절부절 이들은 지붕 위에 앉아 있다.

진짜 지배자는 누구시요? 국민들? 아니요. 그럼 독일인? 예.

어느 독일 폭격기의 승무원들

오 그대, 자식 걱정에 애태우는 여인이여!

우린 당신이 사는 도시 위로 날아온 사람들이오.

우리에겐 당신과 당신의 아이들이 목표였소.

왜냐고 당신이 묻는다면, 알아주오, 두려움 때문이었다는 걸.

그 도시의 오늘. 런던의 중심가는 공중전이 진행되면서 폐허의 모습을 띠게 되었다. 이 사진은 성 파울 사원에서 찍은 것이다.

City av i dag

De centrala delarna av London ha under luftkrigets förlopp i mycket antagit karaktären av ruinkvarter. Denna vy över City är tagen från St Pauls-katedralen.

이러한 몰골을 하게 되었네. 단지 그놈들 몇몇이
음흉스레 내 계획엔 없던 방향으로 비행했기에.
하여 난 장물아비가 못 되고, 장물이
사업상 사고의 희생물이 되고 말았네.

"영국에서 두 번째로 큰 리버풀 항구는 잘 알려진 것처럼 여러 번 독일군 공습의 표적이 되어 수많은 폭탄세례를 받아야 했다. 여기 이 사진은 항구의 모습을 적나라하게 보여준다. 뒤편의 연기는 조금 전 독일 폭격기가 항구의 시설물들을 방문했었다는 사실을 알려 준다."

en i Liverpool, Englands näststörsta, har som bekant varit föremål för flera tyska bombräder och
l blivit utsatt för många träffar. Här se vi en vacker bild från hamnen och eldsvådorna i bakgrun
den utvisa, att hamnanläggningarna nyligen haft känning av de tyska bomberna.

아직 내가 도시로 남아 있구나, 하지만 더 이상은 힘들겠지.
오십 세대를 걸쳐 인간들을 품어 왔건만
나 이제 그 죽음의 새들을 맞이한다면,
천년 동안 이룬 모든 것, 한 달 만에 폐허로 변하는구나.

"명중이다! 관측병이 폭탄 투하가 성공한 것에 기뻐하고 있다."

„Die hat hingehauen!" Der Beobachter, der soeben die Abwurfvorrichtung ausgelöst hat, freut sich über den Erfolg seiner Bombenreihe

여기 한 악마를 보아라, 가엾은 악마를!

남들이 울고 있는 걸 알기에 난 웃노라.

비참함과 죽음을 팔러 장삿길 떠나는

난, 바르멘 출신의 보따리 장수

공습을 피해 지하철로 피신한 런던 시민들

그것은 아래와 위의 시간이었습니다.

비행기들이 날아올라 하늘마저 정복되었을 때

대다수 민중들은

숨을 곳을 찾아 땅속을 기어 다니다 죽어갔습니다.

새로운 종류의 생업. 런던의 가난한 사람들은 폭격으로 인해 새로운 일자리를 얻었다. 공습 동안 대피소로 쓰이는 지하철 입구에 어린 남녀 아이들이 모여 있다.

Ny födkrok

De fattiga i London ha genom bombräderna fått en ny födkrok. Ungdomar av båda könen samlas kring nedgångarna till den underjordiska järnvägens stationer — som bekant anlitade som skyddsrum under bombardemangen. Dels ha de „hamstrat" plats där nere, dels hyra de sängkläder åt hågade spekulanter och ställa de „hamstrade" skyddsrumsplatserna till förfogande då alarmet går. Här ses en samling ungdomar med täcken och dynor i barnvagnar vilka anlitas som transportmedel.

그들의 폭격기보다 더 오래된 건

그들이 우리에게 선물한 굶주림이었지.

생필품 살 돈을 벌기위해

우린 목숨 걸 작정을 했다.

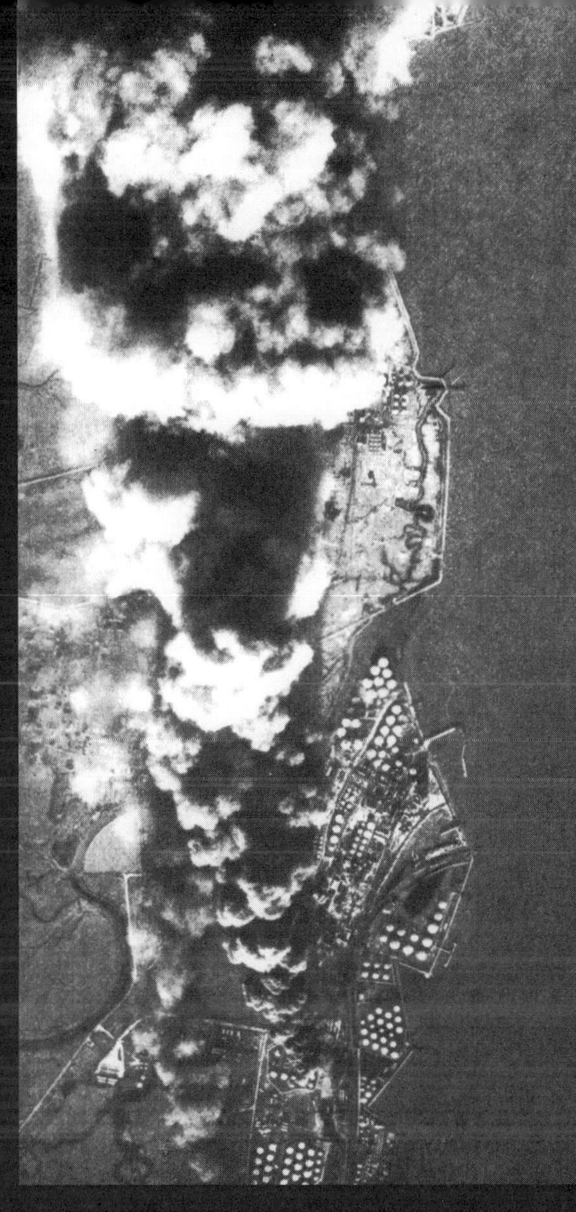

그들이 이곳에 왔었다는 걸 연기가 말해 주네.

화염의 아들들, 그러나 빛의 아들은 아니었네.

그들은 어디에서 왔던가? 어둠으로부터.

그리고 어디로 사라졌는가? 무(無)를 향해.

베를린 상공에 영국 폭격기 나타나다. 늦여름 영국 공군은 함부르크, 브레멘 등의 산업 요충지와 군사적으로 중요한 독일의 대도시들을 폭격했다. 9월 10, 11일 저녁 처음으로 베를린이 폭격 당했다. 사진은 영국의 공습에 속수무책으로 내맡겨졌던 베를린의 한 가옥을 보여준다.

부인, 더 이상 찾지 마십시오. 결코 그들을 찾지 못할 것입니다!

부인, 그렇다고 운명의 탓으로 돌리지도 마십시오!

부인, 당신을 괴롭혔던 그 어둠의 세력들,

그들은 이름과 주소 그리고 얼굴을 갖고 있답니다.

"12월 10일 히틀러는 베를린 근교의 한 군수공장에서 격정적으로 연설했다. 사진은 제국 수상이자 독일군 총사령관인 히틀러가 연단 위에 서 있는 모습을 보여주고 있다. 히틀러의 왼쪽에는 독일노동전선 위원장 로버트 레이 박사와 제국장관 괴벨스 박사가 서 있다."

Den 10 december höll Adolf Hitler ett av sina stora tal i en vapenfabrik i närheten av Berlin. Vår bild visar rikskanslern och högste befälhavaren för den tyska krigsmakten på talarpodiet. T. v. om Hitler ses ledaren för den tyska arbetsfronten dr Robert Ley och riksministern dr Goebbels.

보아라, 역사의 전환에 대해 이야기하는 그들.

그가 너희들에게 약속하는 것은 사회주의이다.

하지만 보아라, 그의 뒤엔 너희 손으로 만들어진

거대한 대포들이 말없이 너희들을 겨누고 있다.

노스케

여보게들, 난 때에 [illegible] 사상가였네, 스스로
그렇게 불렀다네, 민중의 아들인 내가.
나치스는 내 공로를 인정해 주었지, 그들이 들어서자
집과 연금을 내게 주었다네, 그들 나치스가.

괴링

나는 상사반의 노살광대.

강철의 헤르만, 사랑받는 싸움꾼,

제국 원수, 도둑질하는 경찰,

나와 악수한 사람은 손가락을 세어 보아야 할 걸.

괴벨스

나는 "박사". 조작의 명수
너희들 세상이 된다 해도, 내겐 다 생각이 있지.
그게 무어냐고? 직접 세계사를 쓰는 일이지.
어쨌거나 내 거짓말을 사람들은 결코 믿지 않을 걸.

괴링과 괴벨스

"유셉, 너 내가 강도질한다고 떠들고 다닌다며" - "헤르만, 왜 하필이면 강도질이냐? 안 그래도 알아서 다 챙겨 줄 텐데. 설사 내가 그렇게 말한다 해도, 내 말을 누가 믿겠냐?"

오페라를 관람하는 괴링, 히틀러, 괴벨스

"나치의 세 거두 - 너희들의 종말은 바그너적일 것이다"

The Nazi Big Three—Their Ending Should Be Wagnerian.

오 맥주의 노래! 결코 당신은 내게 물어 볼 수 없소!

오 순례자의 합창! 오 불 마술사의 재주!

“오 텅 빈 위장에 울려 퍼지는 ‘라인의 황금’의 노래!

나는 그들을 바이로이트 공화국이라고 부르겠소.”

돌로 된 말 한 마리, 제국 수상관저에서 뛰쳐나와 암담한 모습으로 어두운 미래를 응시하고 있다. "얘 말아, 무엇이 잘못됐니?" "요양소에 들어온 지 벌써 8년인데 도무지 낫질 않아요."

페도르 폰 보크 원수 61세, 프로이센 출신. 폴란드, 파리, 코카서스 북부지방을 정복하는 데 공을 세움.

후고 슈페를레 원수 57세, 바이에른 농부의 아들, 스페인, 폴란드, 네덜란드, 프랑스, 영국과의 전투에서 공군부대를 지휘.

칼 폰 룬트슈테트 원수 65세, 유명한 세당 돌파를 감행, 세당에 사령부를 두고 있음.

에르빈 롬멜 원수 50세, 이집트 전선 독일 아프리카군단 사령관, 과감하고 저돌적임.

하인츠 구데리안 장군 56세, 프로이센 출신, 폴란드와 프랑스의 기갑전에서 빛나는 전과를 올림. 비행기를 타고 기갑사단을 지휘.

지그문트 리스트 원수 62세, 바이에른 출신의 기동성이 뛰어난 거장, 폴란드와 프랑스를 단 기간에 굴복시킴

Field Marshal Fedor von Bock, 61 and a Prussian, helped conquer Poland, Paris and the North Caucasus.

Field Marshal Hugo Sperrle, 57, Bavarian brewer's son, commanded air corps in Spain, Poland, Lowlands, France, Battle of Britain.

Field Marshal Karl von Rundstedt, 66, planned and carried through famous break at Sedan, now has headquarters there.

Field Marshal Erwin Rommel, 50, is slashing, hard-hitting commander of the German Afrika Korps in Battle of Egypt.

General Heinz Guderian, 56, a Prussian, had brilliant tank successes in Poland and France, commanded panzer divisions from a plane.

Field Marshal Siegmund List, 62, steely Bavarian master of mobility, knifed through Poland and France.

이들 여섯은 모두 살인자들이다. 지당한 말씀이지요
중얼중얼, 고갤 끄떡이며 건성으로 넘어가지 말아라.
이들의 정체를 밝히는 값으로, 우린 이미
오십 개 도시와 한 세대를 치렀다.

기동화 된 독일 교회

“가톨릭 신자들이 전하는 바에 의하면 현재 독일 가톨릭 교단은 약 38개소의 이동식 성당을 운영하고 있다고 한다. 작은 자동차에 조립된 이 제단은 교통이 불편한 지방에 투입되어 아무리 작은 마을이라도 모두 미사를 볼 수 있도록 고안되었다. 앞으로도 멀리 떨어진 군 주둔지에서 사용할 수 있도록 10개가 넘는 움직이는 성당이 더 만들어질 것이라고 한다. 대부분의 경우 신부들이 운전수 역할까지 겸하고 있다.”

Motoriserade tyska kyrkor.

Den katolska kyrkan förfogar över 38 sådana.

Berlin, onsdag.

(FNB) Enligt meddelande av katolska kyrkliga kretsar förfogar den katolska kyrkan numera i Tyskland över 38 motoriserade kyrkor. Det rör sig om små på bilar monterade altaren, som kommit till användning i trafiksvaga trakter, så att man i varje liten by skall kunna få åhöra en gudstjänst. Man antager att ytterligare tio sådana rullande kyrkor skola byggas för att bl. a. komma till användning i de vitt skilda militärförläggningarna. I de flesta fall tjänstgöra prästerna själva som förare.

오 즐거운 사명, 신을 기동화 하라!

진격 중인 히틀러를 신은 아직 뒤따르지 못했다.

그래도 기대해 보아라, 전쟁에서 신이 지지 않기를.

히틀러에게도 언젠가 휘발유가 바닥나지 않겠니.

카토비체의 산업공장

열 민족을 나는 군화발로 짓밟았다.
그것도 모자라 내 민족까지도. 피에 젖은
군화의 흔적은 짓밟힌 땅을 물들였다
키르케네스에서 루르 지방 뮐하임까지.

탁상공론으로 준비된 소련 침략

여보게 형제들, 여기 머나 먼 코카서스에
러시아 농부의 총에 맞아
슈바벤 농부의 아들, 내가 묻혀 있네.
그러나 내가 패배했던 것은 이미 훨씬 전 슈바벤에서였다네.

라플란드를 향한 돌격

"무엇이 노르카프 곶으로 오게 했니, 너희 둘을?" - "명령이었어."

"춥지 않니, 너희 둘은?" - "몸과 마음이 다 추워"

"언제 집으로 돌아가니, 너희 둘은?" - "더 이상 눈이 안 오면"

"얼마나 오래 눈이 내리겠니, 너희 둘 생각엔?" - "영원이."

아프리카 원정

"'사막의 여우' 롬멜 원수(사진 왼쪽)가 때 이른 건배를 들 때만 해도 그의 아프리카 군단은 '무적'이었다."

"Fox of the Desert," German Field Marshal Erwin Rommel (left) drank this premature toast, his *Afrika Korps* was still "unbeat

조국과 수백 명 융커들을 위하여!

독일의 검과 거기에서 나오는 이익을 위하여!

전장과 방공호 속의 독일 국민을 위하여!

우리 모두의 사이비 지도자를 위하여 건배!

"롬멜은 최근 리비아를 통해 도주하면서 전투에 패한 수많은 부하들을 버리고 떠났다. 사진 속 독일인은 연합군의 공격을 방어하려 했다. 그러나 그의 시도는 결국 수포로 돌아갔다."

his recent flight across Libya, Rommel left behind many of his battered forces. From Allied attack this German vainly dived for

오 황홀한 군가, 깃발에 불어대는 광풍!
게르만 갈고리 십자군전쟁의 신화
하지만 결국 중요한 것은 하나,
숨을 구덩이를 찾는 것! 하지만 너는 결국 찾지 못했구나.

아프리카

그대, 신의 아름다운 창조물을 갖겠다고
신발이 벗겨지도록 미친 듯 치고받는 저 신사분들.
남을 착취하는 데에는 이골이 났다며
그대를 강간할 권리를 더 갖겠다고 저러는 저 신사분들.

처칠

나는 갱의 법칙을 알고 있다네. 난
별 탈 없이 식인종들과 지내왔고
그들은 고부고분 내 말을 잘 들어왔네. 문화는
나보다 더 나은 보호자를 이곳에서 찾을 순 없을 것이네.

싱가포르 주둔 영국 군수기지에 대한 일본의 공습. 1941년 12월 8일 일본과 미국 간의 전쟁이 미국의 군항 진주만에 대한 공습으로 시작되었다.

Singapore Lament

오 제물이 된 자들과 제물을 드려야만 하는 자들,

이들 고통합창단의 이중창!

여인이여, 하늘의 아들은 싱가포르를 원한다오.

하지만 당신 아들을 원하는 사람은 오직 당신뿐이라오.

한 미국인과 그가 죽인 일본인. 윌리 웨이크맨 병장은 설명했다. "서로 즐겁게 이야기를 나누고 있던 그 두 녀석을 발견했을 때 나는 좁은 길을 어슬렁거리며 내려가고 있었어요. 그들은 나를 보고 씽긋 웃었고 나도 그렇게 답했지요. 그러자 한 녀석이 권총을 꺼내들었고 나 역시 권총을 뽑아들었어요. 나는 그를 쐈어요. 영화에 나오는 그대로였어요."

An American and the Jap he killed. Pfc Wally Wakeman says: "I was walking down the trail when I saw two fellows talking. They grinned and I grinned. One pulled a gun. I pulled mine. I killed him. It was just like in the movies."

우리가 서로를 보았을 때 - 모든 일이 순식간이었어요 -

내가 미소 짓자 그들 역시 미소로 답했어요.

처음엔 그렇게 우리 셋 다 미소 지었지요.

그러자 한 녀석이 나를 겨누었고 나는 그를 쏘아 쓰러뜨렸어요.

편집자에게 보내는 사진

"담당자께

요즈음 유행하고 있는 정신착란증을 치유하기 위해 자연은 핀-업-채소를 생산해 주었습니다. 이렇게 잘생기고 부드러운 다리는 레뷰 쇼에 등장하는 귀여운 여자의 다리처럼 보이지만, 실은 내 소유의 빅토리-농장에서 생산된 것입니다. 분명 다리가 둘인 홍당무인데, 물에 깨끗이 씻어놓고 보니, 아주 매력적으로 보일 수도 있을 것이라는 생각이 들었습니다.

존 브레데릭, 필라델피아"

PICTURES TO THE EDITORS

(continued)

SEXY CARROT

Sirs:

Responding to the current craze, nature has produced a pin-up vegetable. These shapely, satiny legs don't belong to some miniature Petty girl, but came from my victory garden. It is actually a twin-rooted carrot. When it was washed and de-whiskered I thought it looked quite fetching.

JOHN BRETHERICK
Philadelphia, Pa.

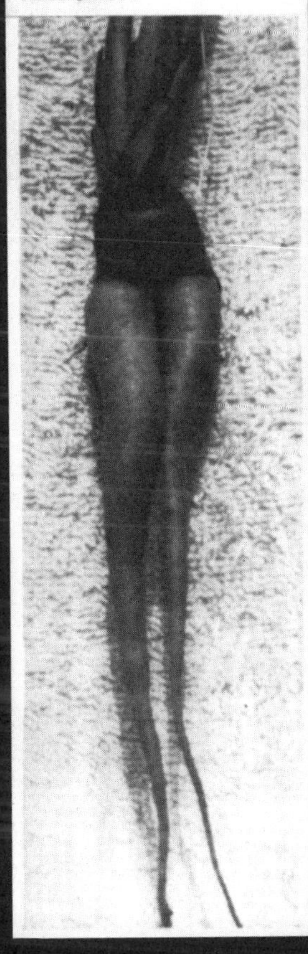

하나라도 마음에 드는 것을 가질 수 있게

이 홍당무 사진이 너희에게 제공되었다고 하는구나.

이것이 바다 건너 정글 속 텐트에 너희를 잡아 놓을 테지!

죽은 자도 이런 사진을 보면 벌떡 일어난다는 소리도 들리는구나.

“태국(시암)의 여인네가 칭마이의 급조된 방공호에서 미국의 폭격기를 내다보고 있다. 이 폭격기들은 국경지방의 부락들을 폭격하기 위해 프랑스령 인도차이나에서 발진했다.”

하늘에서 싸움질하는 저 높은 양반들
그들에게 발견되어 개죽음 당하기 싫어
깁믹은 민중들, 땅속으로 기어든다.
그리곤 밀리서 뒤쫓는다, 그들이 벌이는 전투를.

"실명한 오스트레일리아 병사가 친절한 원주민의 부축을 받으며 파푸아 뉴기니 부나의 전선으로부터 돌아오고 있다. 두 사내는 모두 맨발이다."

BACK FROM THE BATTLEFRONT NEAR BUNA IN NEW GUINEA COMES A BLINDED AUSTRALIAN INFANTRYMAN, HELPED BY A KINDLY PAPUAN NATIVE. BOTH MEN ARE BAREFOOT

내게 그 길었던 전투가 끝났을 때

흰 사내가 나의 귀환 길을 도와주었습니다. 그는 친절했어요.

그의 침묵에서 나는 배웠습니다, 그가

이해는 못하더라도 결코, 동정심마저 없진 않다는 것을.

"다 타 버린 일본군 탱크에 미군 병사들이 일본군 병사의 해골을 꽂아 놓았다. 시체의 다른 부분은 폭격에 의해 흔적도 없이 사라졌다."

A Japanese soldier's skull is propped up
on a burned-out Jap tank by U.S. troops.
Fire destroyed the rest of the corpse

오 정글 탱크에서 나온 불쌍한 요릭!
네 머리가 여기 탱크 꼭지에 꽂혀 있구나!
네가 다 죽은 것은 도메이 은행을 위한 것이었지.
그런데도 네 부모는 그 은행에 아직도 빚이 많구나.

“부나 근교에 일렬로 꽂혀 있는 엉성한 십자가들이 이곳이 미군 병사들의 묘지임을 말해 주고 있다. 매장 작업을 지휘하다 십자가에 벗어 놓은 한 장교의 장갑이 우연히 하늘을 가리키고 있다.”

A LINE OF CRUDE CROSSES MARKS AMERICAN GRAVES NEAR BUNA. A GRAVE REGISTRAR'S GLOVE ACCIDENTALLY POINTS TOWARD THE SKY

교실 의자에 앉아 우린 들었습니다, 저 높은 곳엔
모든 부당함을 징벌하는 분이 계시다고. 그러기에 남을
죽이겠다고 일어선 우리는 천벌을 받았습니다.
이젠 우릴 저 높은 곳으로 보낸 사람들을 **당신들이** 벌할 차례입니다.

"'꼬마야, 우리가 하는 놀이는 거친 놀이란다, 난 이 놀이가 네 마음엔 들지 않기를 바란단다'. 양키 병사가 한 일본 아이를 대피시키고 있다."

"This is a rough game we're playing, little fellow, and you wouldn't like it." The Yankee solider removes a Japanese baby to safety.

그들이 내보낸 전쟁터로부터

적들의 어린 형제를 구해 우리에게 데려와라.

병사여, 언제가 그 아이가 네 아들과

이야기할지도 모르잖니, 이 전쟁이 어떻게 끝났는지를.

"한 미군 병사가 죽어가는 일본군 옆에 서 있다. 그는 이 일본인을 쏠 수밖에 없었다. 일본군이 상륙정에 숨어 미군 병사들을 사격했기 때문이다."

AN AMERICAN SOLDIER STANDS OVER A DYING JAP WHOM HE HAS JUST BEEN FORCED TO SHOOT. THE JAP HAD BEEN HIDING IN THE LANDING BARGE, SHOOTING AT U. S. TROOPS

한 해변이 붉은 피로 물들어야 했다.

일본, 미국, 그들 누구의 것도 아닌 해변이.

그들은 말한다, 서로 죽이라고 강요받았다고.

그래 나는 믿는다, 믿고 말고. 그러나 딱 하나 물어보자, 누구로부터?

피난처가 없는 피난민들. “사진 속 유태인 어머니와 아이는 팔레스타인에서 피난처를 찾으려던 다른 180명과 함께 바다에서 인양되었다. 그러나 다른 200명은 그들을 싣고 왔던 살바토르 호가 터키 해안에서 암초에 걸려 난파되었을 때 익사했다. 살바토르 호가 첫 번째 배가 아니었다. 패트리샤 호는 갑판에 1,771명을 실은 채 폭발했으며, 펜초 호는 500명의 승객을 실은 채 이태리의 한 섬에서 좌초했다. 페시빅 호는 1,062명의 피난민을, 밀로느 호는 710명을 태운 채 팔레스타인에서 강제로 다시 뱃머리를 돌려야 했다. 이외에도 500명의 유태 오디세우스들은 넉 달 동안이나 이 항구 저 항구를 돌아다녀야 했다. - 이들은 바다 항해에는 적합하지 않은 작은 보트에 가축처럼 처박혀 전 유럽에서 찾아들고 있다. 유럽에 살던 이 700만 유태인들은 도대체 어디로 가야 한단 말인가? 팔레스타인으로 들어오는 이주자들 수는 연평균 12,000명에 달한다. 화물선과 가축수송선은 새로운 종류의 화물, 즉 신종 인간 밀수품을 실어 나르고 있다. 작년에만 26,000명이 ‘밀수입’되었다. 그러나 이 700만을 다 어떻게 해야 한다는 말인가? 아이는 자기 발을 장난감 삼아 놀 수 있을 것이다. 아이는 엄마의 팔에 안기면 집에서처럼 편안할 것이다. 그러나 아이는 모를 것이다, 아빠가 마르마라 해협에서 익사했다는 것을. 단지 아이의 엄마만이 해변을 눈앞에 두고 당한 이 안타까운 죽음을 알고 있을 뿐이다.”

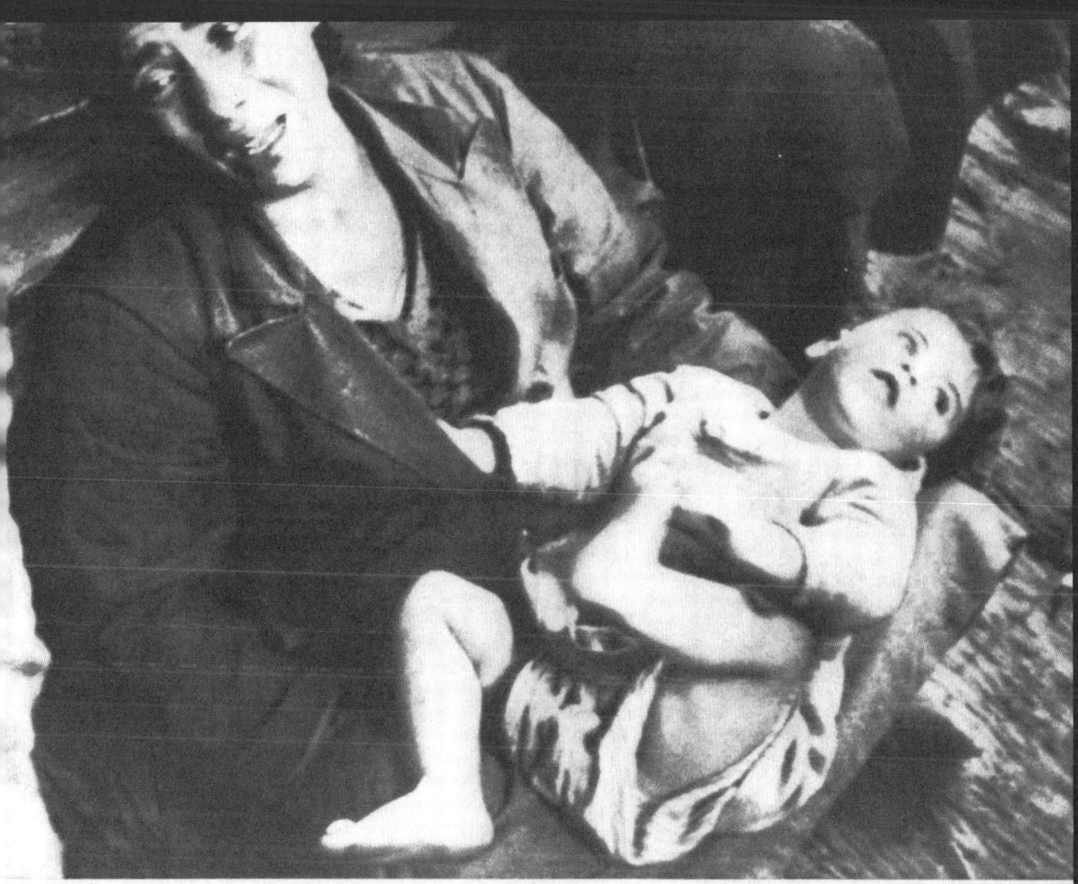

EFUGEES WITHOUT REFUGE: This Jewish mother and child were picked out of the sea, ng with 180 others who sought refuge in Palestine. But 200 were drowned when Salvator smashed on the rocky coast of Turkey. And the *Salvator* wasn't the first. e *Patria* exploded with 1771 aboard. The *Pentcho* foundered on an isle off Italy h 500. The *Pacific* was forced to sail from Palestine with 1062 and the *Milos* h 710. Then there is the Odyssey of the 500 Jews on a ship for four months, shunted from port to port. They come from all over Europe, packed like cattle in unseaworthy vessels. Where can they go, these 7,000,000 European Jews? Palestine's quota is 12,000 a year. The freighters and cattleboats carry a new kind of cargo—a new kind of human bootleg. Last year 26,000 were smuggled into Palestine. But what of the 7,000,00C? The baby can play with his foot—for he's home in his mother's arms. He doesn't know his father was drowned in the Sea of Marmora. Only his mother knows the double-death of drowning in sight of shore.

긴 밤이 지나고 첫 햇살이 찾아들었을 때

우리들 중 많은 이들이 해안을 눈앞에 두고 가라앉았다.

우린 말했다, 그들이 알기만 했다면 도우러 왔을 것이라고.

그들이 이미 알고 있었다는 걸 우리가 몰랐기에.

미군, 시칠리아 섬에 상륙

"'독일인들은 저쪽 길로 갔습죠', 시칠리아 섬의 한 농부가 미군 1사단 소속 여단장 시어도어 루즈벨트에게 말하고 있다."

애서하게도 우리 주인 나리들은 두 편으로 갈렸었습죠.

그런데 이젠 낯선 세 무리 군인나리들이 들어와 싸우고 있습죠.

메마르고 돌투성이인 우리 농토에서 말입니다.

그들은 우리를 적대시하는 데 있어서만은 의견이 일치합죠.

"복원된 일상생활 - 미 군정청의 장교들이 이태리 시민들에게 미국산 밀을 팔고 있다."

"Restoring the normal flow of life"—AMG officers sell American flour to Italian civilians.

우리는 밀가루와 함께 한 분의 임금님을 모셔 왔습니다, 받으시지요!

밀가루를 받는 사람은 임금님도 받아야 합니다.

싫다고 장화를 핥지 않으려는 사람은

싫어도 계속 굶주려야 하겠지요.

"이태리의 볼투르노 강을 건너다 실명한 일본계 미군 소년병사가 고통을 참으며 캐롤라이나 주 찰스턴의 스타크-제너럴-병원 침대에 앉아 있다."

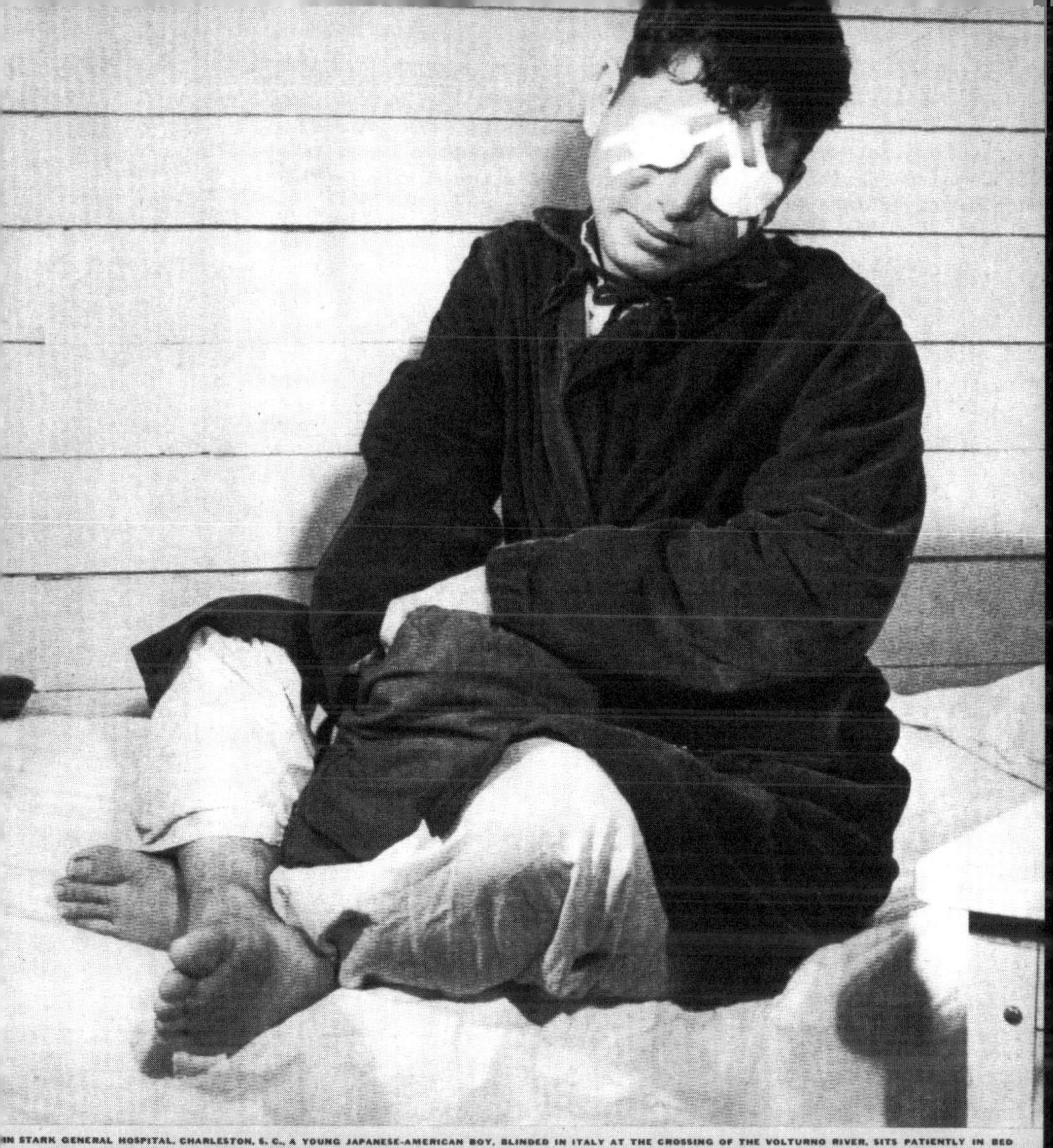

IN STARK GENERAL HOSPITAL, CHARLESTON, S. C., A YOUNG JAPANESE-AMERICAN BOY, BLINDED IN ITALY AT THE CROSSING OF THE VOLTURNO RIVER, SITS PATIENTLY IN BED

도시들도, 비디도, 반짝이는 별도 이젠 볼 수 없어요.

언젠가 맞게 될 내 색시도, 우리 아들도

맑은 하늘도, 어두운 하늘도

일본의 하늘도, 오리건의 하늘도 더 이상 볼 수 없어요.

"하루 하고도 반나절이나 계속된 진지공사에 녹초가 된 병사들이 밝은 대낮에 잠시 눈을 붙이는 모습이 라이프지 기자 조지 실크의 카메라에 잡혔다. 이들 중 몇몇은 깊은 참호를 파고 들어가 누웠으나 독일군의 폭격을 두려워하지 않는 다른 병사들은 땅바닥 위에 몸을 드러낸 채 곯아 떨어져 있다. 상단의 몇몇 사진에서 보이는 흰색 줄들은 간밤에 공병대가 지뢰를 제거하고 뚫어 놓은 통행로를 표시하고 있다."

Exhausted soldiers, who have spent a day and a half getting into position, are photographed by LIFE's George Silk as they snatch a brief nap in the sun. Some of them dig deep foxholes but others, who disregard German fire, sleep unprotected on the ground. White tapes seen in some of the pictures above mark passages through mine fields cleared by engineers in the night

오물에 뒤덮여 누워 있는 여기 이들의 모습이 너희에게도 보이니?

아, 모두들 벌써 무덤 속에 누워 있는 것 같구나.

그들은 자고 있을 뿐, 죽은 것은 아니다.

그러나 자지 않는다고 해서 깨어 있는 것도 아닐 것이다.

1944년 6월 6일: 미국이 프랑스 북부해안에 상륙하다.

그 유월 어느 이른 새벽 쉘부르 부근

메인 주 출신 녀석이 바다에서 나와

루르 지방에서 온 녀석과 한판 했다는 소식이다.

하지만 사실 그건 스탈린그라드로부터 오는 녀석을 겨냥한 것이었다.

소비에트 빨치산

우리가 붉은 모스크바 앞에 다다랐을 때

농촌과 공장에서 온 민중들이 우리 앞에 서 있었네.

그리고 그들은 우리에게 모든 민중의 이름으로 승리를 거두었네.

독일어를 쓰는 민중의 이름으로도.

“독일 병사와 - 그의 러시아 상대”

A German Landser— Associated Press

—And his Russian counterpart The New York Times

보아라, 저 형제들을, 형제의 땅을 빼앗겠나고
탱크 타고 달려드는 형과 아우를.
코끼리에게 그토록 무자비하게 굴어댄 녀석은
바로 그의 형제, 길들여진 코끼리였다네.

모스크바 야전병원에 누워 있는 실명한 독일 병사

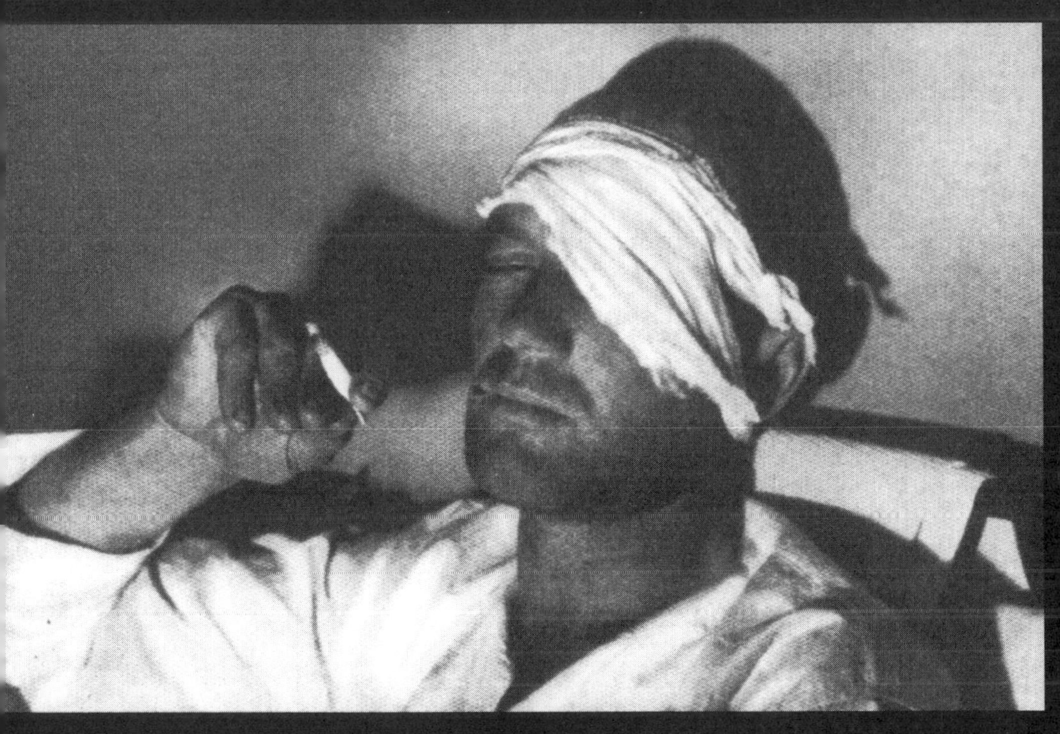

모스크바를 눈앞에 두고, 이 한심한 사람아, 사넨 시력을 헌납했구나.

오 눈먼 인간이여, 이제는 알겠는가,

사이비 지도자가 모스크바를 손에 넣지 못했다는 것을.

그가 손에 넣었더라도 자넨 그것을 보지 못했을 것이네.

보아라 패배한 자들이 썼던 이 모자들을!

그러나 우리의 쓰라린 패배의 순간은

이 모자들이 마지막 벗겨져 땅 위를 굴렀던 때가 아니었어.

우리가 그 모자들을 고분고분 머리 위에 썼을 때였어.

종말…

보병사단의 하사관 게오르크 크로이츠베르크는 이러한 자세로 러시아 군인들에 의해 오렐의 전쟁터에서 발견되었다. 그는 정신착란 증세를 보이고 있었다.

Das Ende...

Unteroffizier Georg Kreuzberg (86. I. D.) wurde von russischen Truppen auf dem Schlachtfeld von Orel in dieser Stellung angetroffen. Er ist geistesgestört.

사이비 지도자는 줄행랑치고

난 이곳에 앉아 있네, 불쌍한 머리통 감싸 안고.

닭 모이주머니에 담긴 곡식 몇 알,

난쟁이들에겐 겨우 그거나 차례 갈 뿐이지.

“‘우리 군대가 케르취를 탈환한 이후 소비에트 지역에서 독일군들이 저지른 극악무도한 범죄들이 상세히 밝혀졌다. 살해된 민간인만 7,000명이 넘었다. 독일 사령부는 시민들을 속이기 위해 4호 명령을 내려 사람들을 세냐 광장에 집결시켰다. 시민들이 모이자 그들은 굴비처럼 엮인 채 교외로 끌려갔고, 모두 기관총 세례를 받고 쓰러졌다. - 외교담당 인민위원회 간행, 『독일의 잔혹성에 대한 메모』에서, 뱌체스라프 몰로토프, 1942년 4월 27일. 이 사진은 1942년 2월 적군(赤軍)에 의해 케르취가 탈환된 후 돌아온 한 부모가 아들의 시체를 확인하는 장면을 찍은 것이다.”

"After the liberation of Kerch by our units, there came to light the shocking details of one of the most fiendish crimes that the German Army perpetrated on Soviet territory—the shooting of over 7,000 civilians. The German commandant's office assembled the population by ruse, having posted Order No. 4 directing that citizens were to appear in Sennaya Square. After they assembled they were seized, driven outside the city and mowed down by machine gun fire." —from the note on German atrocities issued by People's Commissar of Foreign Affairs Vyacheslav Molotov on April 27, 1942. This picture was taken as two parents, returning to Kerch after its recapture by the Red Army in February 1942, identified the body of their son.

여인이여 붉은 분노로 바뀌지 않는
그 어떤 동정도 난 허위라고 부르겠소.
그 분노는 또한 쉼 없어야 할 것이오
인간의 몸뚱이에서 이 오래된 가시가 뽑혀질 때까지.

"귀향"

Return to Homesites

당신들의 고향을 내가 파괴시킨 느낌이 드는군요.

이유는 그들이 내 형제였기 때문이죠. 유감스런 일입니다.

당신들이 내 형제를 무찔러 내쫓았다는 소식을 들은 날보다

더 화-안 했던 날은 없었답니다

"러시아에 남겨진 이들 **독일군의 얼굴**은 얼어붙어, 의지와 자부심을 상실한 채 얼빠진 사람들의 얼굴처럼 보인다. 1940년과 1941년 한때 이들은 세계를 경악시켰던 정예군이었다. 그러나 러시아로 깊숙이 발을 들여 놓을수록 이들은 광활한 공간 속에서 추위에 떨며 죽어갔다. 만약 강인한 러시아인들이 서쪽으로 전진한다면 - 적어도 이들은 덜 떨어도 될 것이다.

보시오, 우리의 아들들을, 온 몸이 마비되고 피범벅 되어
얼어붙은 탱크로부터 이곳에 내던져졌소.
사나운 늑대조차도 숨을 구멍이 필요한 법이오.
그들을 따뜻하게 해주시오, 그들은 춥소.

"어느 러시아 도시에서 이루어진 재회. 이 사진은 독일군이 휩쓸고 지나간 러시아의 어느 마을에서 보내온 것이다. 독일군의 군화는 아담하고 깨끗한 집들을 더럽혔으며, 독일군의 도끼는 자작나무를 찍어 장작을 만들었다. 독일인의 위는 가까운 농촌에서 생산되어 상점에 저장되어 있던 양식들을 먹어치웠다. 그것도 모자라 독일인들은 자신들에게 저항했다고 사내와 여인들의 목을 매달았으며 남은 사람들을 강제노동수용소로 보냈다. 그들은 우연히 뱉은 말 한마디를 핑계 삼아 마을사람들을 '배신자'로 몰아 쏘아 죽였다. 걸을 수 있는 마을사람들은 대부분 빨치산이 되었다. 남을 수밖에 없는 사람들도 많았다. 이들 중 거의 절반이 굶주림과 병으로 죽었다. 그래도 마을은 살아남았다.

적군(赤軍)이 다시 돌아오고 독일군이 퇴각하자 노인들은 고향의 폐허더미에서 기어 나왔다. 그들은 얼이 빠져있었으며, 해방이 정말 그곳에 와 있다는 것을 믿지 못했다. 그러나 삐쩍 마른 꼬마 아이들은 달려 나와 병사들을 반갑게 맞았다. 아이들은 언젠가 그런 날이 오리라는 것을 믿고 있었던 것이다."

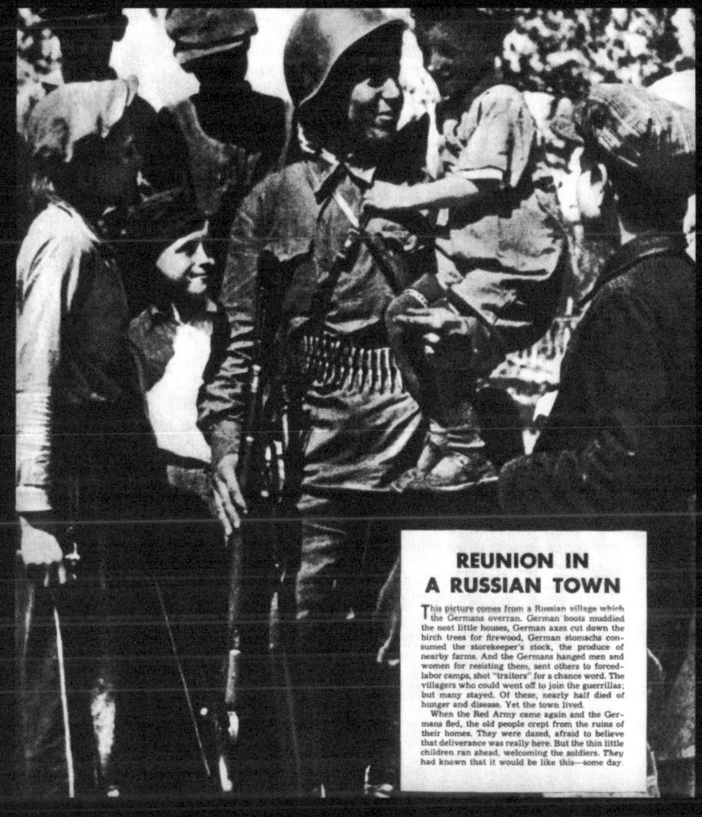

REUNION IN A RUSSIAN TOWN

This picture comes from a Russian village which the Germans overran. German boots muddied the neat little houses, German axes cut down the birch trees for firewood, German stomachs consumed the storekeeper's stock, the produce of nearby farms. And the Germans hanged men and women for resisting them, sent others to forced-labor camps, shot "traitors" for a chance word. The villagers who could went off to join the guerrillas; but many stayed. Of these, nearly half died of hunger and disease. Yet the town lived.

When the Red Army came again and the Germans fled, the old people crept from the ruins of their homes. They were dazed, afraid to believe that deliverance was really here. But the thin little children ran ahead, welcoming the soldiers. *They* had known that it would be like this—some day.

보다 나은 삶에 목숨 건 치열한 전투 중에도
팔에는 아일 안고 무기는 옆에 내려놓았네 그려.
바라건대 피비린내 나는 이 싸움이 끝난 후에도
우리 민중의 아이들에게 둘러싸여 있었으면 좋겠네 그려.

“그리스 소년. 굶주림에 부황 들어 있는 모습이 아테네 아이들 1/3이 굶어 죽었던 끔찍한 기억을 되살린다. 신생아 열 명 중 아홉이 죽었다. 상황이 이렇게 참혹해지자 미합중국은 봉쇄선을 풀고 그리스에 대한 원조를 허용하였다

러시아 아이들. 이들도 나치스 치하에서 극심한 고통을 당한 사람들이다. 이 아이들은 그들의 고향이 약탈당한 것에 대한 증인이며, 이들 중 많은 아이들은 황폐한 러시아 평원을 들불처럼 휩쓴 전투에서 부상당하기도 했다.

한 시칠리아 아이는 보았다. 자신의 부모가 독일인에 의해 어떻게 살해되었는지를. 그리고 넋 나간 다른 이태리 아이들처럼 알게 될 것이다, 전쟁이 그들에게 태양의 빛을 앗아갔다는 것을. 이 아이들은 배우게 될 것이다, 두더지처럼 아이들을 유황광산에서 강제노동 시켰던 그런 부당함을 연합국 관리위원회가 종식시키게 될 것이라는 점을.

프랑스 아이들. 점심시간에 꼬마들이 무심히 아무 말도 하지 않고 학교 운동장에 서 있거나 빵을 찾아 거리를 헤매고 있다. 이들은 학교 숙제를 생각하기에도 또 놀기에도 너무 피곤하고 배고프다. 폐결핵도 계속 증가하고 있다.”

Greek boy swollen with hunger is a grim reminder that one third of Athens' children died of starvation, nine out of ten newborn were dying. Conditions were so horrible that the United Nations allow Greek relief to pass through the blockade.

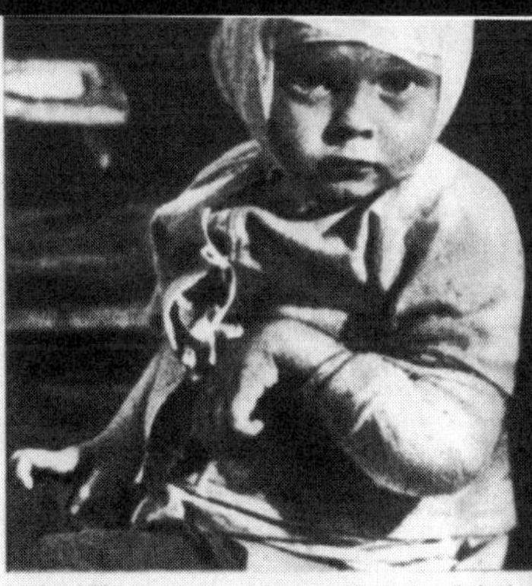

Russian children are among those who have suffered most at the hands of the Nazis. Besides witnessing the rape of their home towns, many have been wounded in battles which rage like prairie fires across the devastated Russian plains

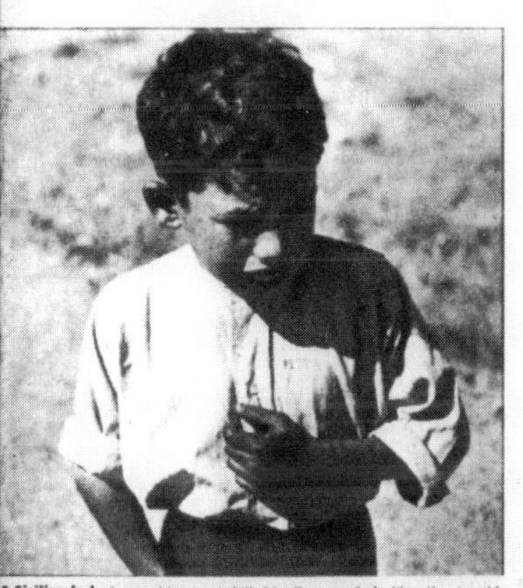

A Sicilian lad who saw his parents killed by Germans finds, like other bewildered young Italians, that war has blotted out his sun. He will learn that Allied control ends such injustices as children toiling like moles in the sulphur mines.

French children—listless little ones standing silently in school yards at recess, roving the streets in search of bread—are too tired and hungry to play normally or remember their lessons. Tuberculosis is steadily on the increase

탱크와 폭격기 속의 위대한 전사들이여!

당신들은 수백 번 전투에서 승리자로 개선하며

알제리의 더위에 땀 흘리고, 라플란드의 추위에 떨었겠지요.

우린 당신들이 패배시킨 자들. 당신들의 승리를 축하합니다!

오 너희, 싸움에 지친 자들이여
10퍼센트 힘이라도 남아 자신을 위해 싸울 수 있다면,
죽음과 탄생의 경련 속에서도 세계는
그대들을 무찌르기 위해 애썼다고 기뻐하리.

한때 우리가 세계 피괴자들에게
만세를 외쳐대던 이 도시들
우리가 파괴한 그 많은 도시 중
단지 일부분인 우리의 도시들.

"달라진 세상으로의 귀환. -프랑스 군인들이 5년간의 포로 생활에서 풀려나 독일의 거리를 행진하고 있다. 이것은 집으로 돌아가는 첫 발걸음이다."

Returning to a changed world—French soldiers, released after five years of captivity, march down a road in Germany on the first leg of their journey home.

AGAZINE. APRIL 15, 1945.

인간답지 못한 상태에서 벗어나 고향을 찾는 자들아,

고향에 돌아가면 몸서리치며 이야기하겠지,

스스로 노예가 되었던 민족과 같이 했던 삶이 어떠했는지를.

그렇다고 벌써부터 자네들이 해방되었다고 여기진 않겠지.

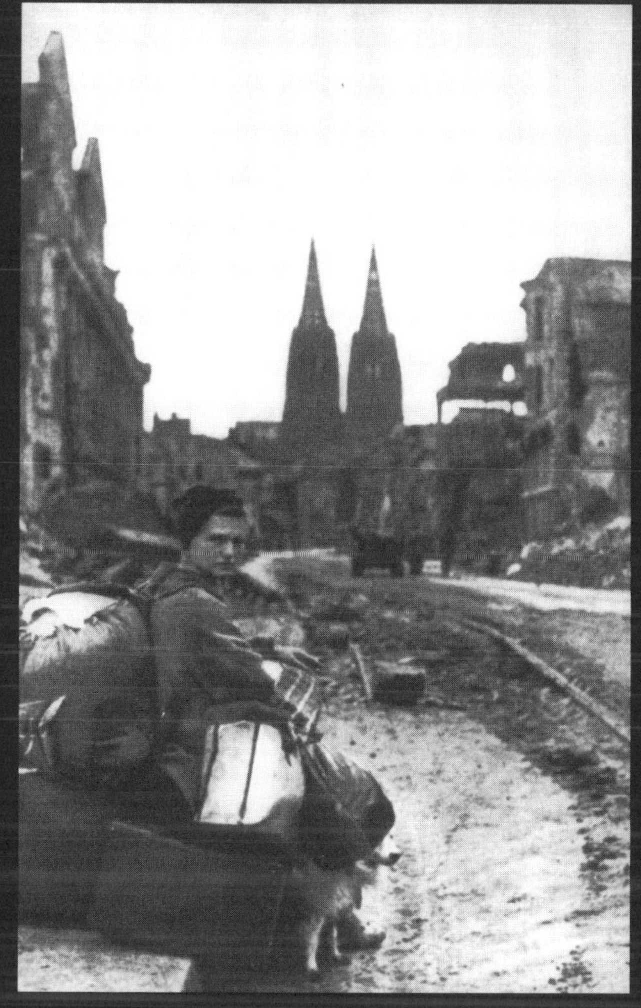

다우닝가의 나리들이 사내들을 비난하는 소리가 들리네,
나치스를 참아냈기에 당신들에게도 책임이 있다고.
그리니 신경 쓰지 말게, 원래 나리들은 잘 비난하지 않는다네,
설명할 수 없는 민중의 인내심을.

난 눈 먼 사냥꾼이 아냐, 너희들을 알기에
그렇게 생각했던 거야, 지금도 그 생각은 마찬가지야,
눈먼 세계 정복자들이 되기엔
코 꿰인 노예들이 되기엔 너희들이 너무 선량하다는 그 생각은.

HITLER: April 20, 1889

부코 비가

Buckower Elegien

김길웅 옮김

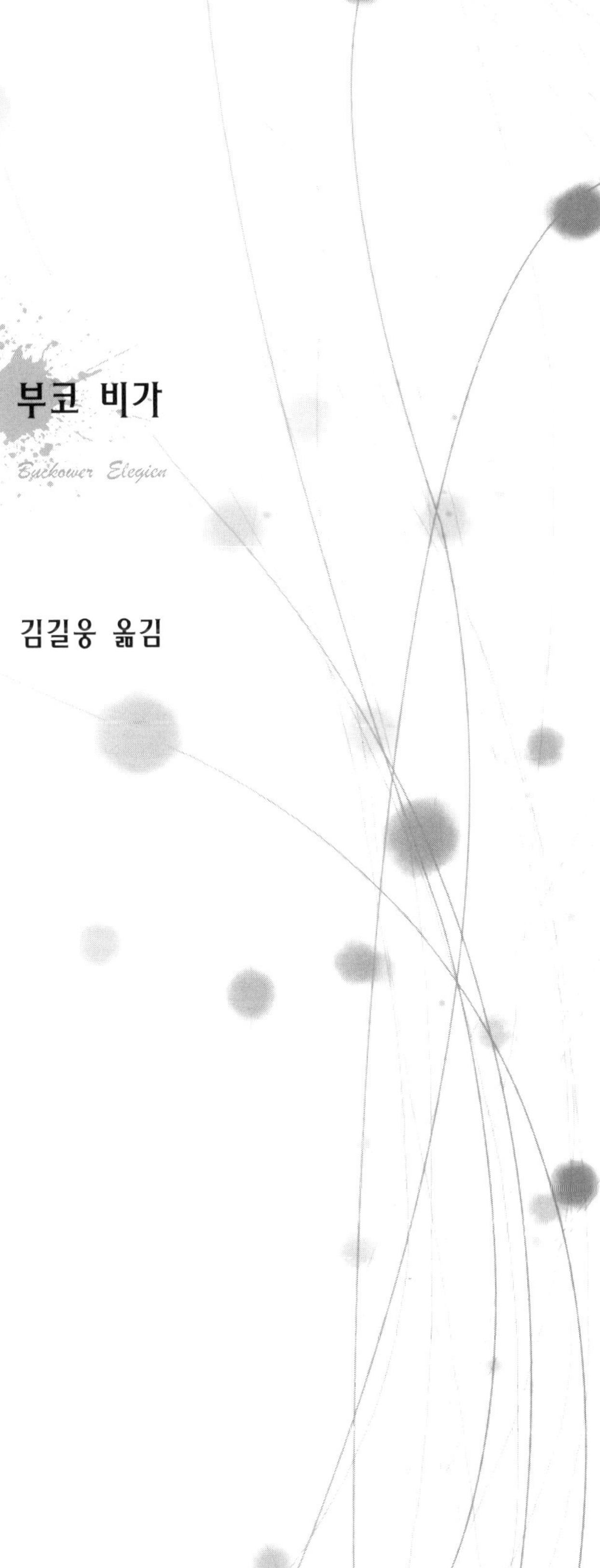

화원[1]

호숫가, 전나무와 은백양나무 사이로 깊숙이
담장과 관목들로 보호를 받으며 정원이 하나
달마다 피는 꽃으로 그토록 현명하게 설계되어
삼월부터 시월까지 꽃이 핀다.

이곳에, 아침이면, 가끔, 나는 앉아서
바라는 게 있다. 나도 역시 언제나
좋든, 혹은 궂든, 그 어떤 날씨이든지
이런 혹은 저런 만족스런 것을 보여줄 수 있기를.

여전히 똑같은 습관들

접시를 거칠게 놓아서
수프가 쏟아진다.
날카로운 목소리로
명령구호가 들린다: 식사!

프로이센의 독수리[2]가
새끼들의 주둥이에 썰어 넣어 준다
잘게 쪼은 먹이를.

노젓기, 대화[3)]

저녁이다. 미끄러지듯
두 척의 조립식 보트가 지나간다. 그 안엔
벌거벗은 젊은 사내 하나씩, 나란히 노를 저으며
대화를 나눈다. 대화를 나누며
이들은 나란히 노를 젓는다.

연기

호숫가 나무들 아래 작은 집
지붕에선 연기가 핀다
이마저 없으면
얼마나 쓸쓸할까
집, 나무 그리고 호수는.

무더운 날[4)]

무더운 날. 무릎엔 원고뭉치
나는 정자에 앉아 있다. 녹색의 배가
버들가지 사이로 시야에 들어온다. 고물엔
뚱뚱한 수녀 한 명, 두꺼운 옷을 입고 있다. 그녀 앞엔

수영복을 입은 꽤 나이든 사내 한 명, 아마도 신부인 듯.
노 젓는 의자 옆에는, 온 힘을 다해 노를 젓는
아이 한 명. 옛날과 똑같다! 라고 나는 생각한다
옛날과 똑같아!

어느 소비에트의 책을 읽으며

볼가강을 길들이는 일은
쉽지 않을 거라고, 나는 읽는다. 볼가강은
딸과 같은 지류들, 오카강, 카마강, 운샤강, 베트루가강
그리고 손녀와 같은 지류들, 추소바야, 뱌트카에 도움을 청할 것이니
칠천이나 되는 지류의 물길, 그 힘 다 모와
분노로 가득 차, 스탈린그라드의 댐으로 몰려가 쏟아질 것이다
그리스 오디세이의 악마 같은 날카로운 감각을 지닌
이 꾀 많은 천재는 오른쪽으로 비키다가, 왼쪽으로 지나가며, 땅 속으로
기어들어간다. 허나 내가 읽기로, 볼가강을 사랑하고
찬미하는 소비에트 사람들이, 최근에 이 강을
연구했고, 1958년이 되기 전에
이 강을
길들일 것이라 한다.
그러면 이 강의 서자(庶子)인, 베마른
카스피해 저지대의 검은 들판이
그들에게 빵으로 보상할 것이다.

바람이 불면
돛을 세울 수 있으련만
돛이 없어도
막대와 방수포로 돛을 하나 만드련만[5)]

바퀴 갈아 끼우기

나는 길 비탈에 앉아있고
운전사는 바퀴를 갈아 끼운다
나는 떠나온 곳이 마음에 들지 않는다
나는 떠나갈 곳도 마음에 들지 않는다
왜 나는 바퀴 갈아 끼우는 것을
초조하게 바라보는가?

해결책[6)]

6월 17일 봉기가 끝난 후
작가 동맹의 비서는
스탈린거리에 유인물을 뿌리게 했다
거기에 씌어있기를, 국민이
정부의 신뢰를 놓쳐버렸으니
두 배의 노동을 통해서만
이를 회복할 수 있다고. 그럴 거면 차라리

더 손쉽지 않을까, 정부가
국민을 해산하고
다른 국민을 선출하는 것이?

뒤숭숭한 아침[7]

이 지역에서는 아름답기로 소문난 은백양나무가
오늘은 늙고 칠칠치 못한 할멈. 호수는
한 웅덩이의 하숫물, 휘젓지 마시오!
금어초 아래의 푹시아는 값싸고 공허하다.
왜?
어젯밤 꿈속에 나를 가리키는 손가락을 보았다
마치 문둥이를 손가락질하듯이. 일에 지친 그 손 헤지고
부러져 있더라.

아무것도 모르는 사람들 같으니라구! 라고 나는 소리쳤다
책임감을 느끼며.

새로운 은어(隱語)

언젠가, 양파[8]에 관하여 여인네들과 이야기할 적에
기계는 다시 텅텅 비었으나

그래도 그때만 해도 그들은 아직은 한숨과 저주와 우스갯소리를 이해했다
이런 말들을 내뱉으며 그들은 밑바닥의
견디기 힘든 삶을 살 수 있었으니까
지금
저들은 통치하면서 새로운 은어를 쓰고 있다
자기들끼리나 이해할 뿐인, 지도층의 생소한 말을.
이 말들은 위협적이고 훈계 투로 말해지고
가게를 가득 채우나 양파는 없다.

지도층의 생소한 말을 듣는 사람은
먹을 것을 잃고
이런 말을 하는 사람은
들을 줄을 모른다.

위대한 시대, 그러나 아무 쓸 데도 없는

도시들이 세워졌음을 나는 알았으나
그곳으로 가지 않았다
그것은 통계에나 어울릴 뿐
역사에는 어울리지 않다고 생각했으니

인민의 지혜 없이 세워진
도시가 대체 무엇이란 말인가?

숲속의 외팔이

땀을 흘리며 허리를 굽혀
잘 마른 나뭇가지를 찾는다. 고개를 흔들며
모기를 쫓는다. 양 무릎 사이에
힘들여 땔나무를 묶는다. 신음소리를 지르며
허리를 펴서, 손을 치켜든다.[9] 비가
오는지 살피려고. 치켜든 손
무서운 나치 친위대원.

의도가 있는 식료품[10]

대포에 몸을 기대고
맥카시의 아들[11]들이 식용수지를 나누어준다.
차로, 걸어서, 끝없는 행렬을 이룬,
민족의 대이동, 작센 중심부에서부터

송아지[12]를 남겨 놓으면
송아지는 아첨하는 손아귀로 몰려 간다, 심지어는
자신들을 도살할 도축업자의 손아귀에까지.

후기 그리스 시대의 시인의 작품을 읽으며

그들의 몰락이 분명해졌던 그날

성벽 위에는 벌써 조가가 울리기 시작했으나
트로이 인들은 벽돌조각을 한 조각씩
세 겹의 성문에 가지런히 쌓았다, 한 조각씩.
그리고 용기를 갖기 시작했다, 좋은 희망도

트로이 인들도 그러했는데……

전나무

새벽에
전나무는 구릿빛이다.
그렇게 나는 똑똑히 보았다
반세기 전에
두 차례의 전쟁 이전에
어린 눈으로.

올여름의 하늘

호수 위로 높이 폭격기가 날고
노 젓는 배에서
올려다본다, 아이들, 여자들, 노인 한 명이. 멀리서 보면
이들은 어린 찌르레기 떼 같다, 주둥이를 열고

먹잇감을 향하는 모습이.

소리들

가을, 늦게
한 떼의 까마귀들이 은백양나무에 둥지를 틀 것이다
하지만 여름 내내 나는
새가 없는 이 지역에서
사람들 소리만이 들린다.
이것으로 나는 만족한다.

뮤즈의 여신들[13)]

철인이 채찍질하면
그들은 더욱 소리 높여 노래한다
시퍼렇게 멍이 든 눈으로
그들은 철인을 개처럼 찬양한다.
고통스러워 엉덩이가 떨리고
욕정에 차 음부(陰部)가 떨린다

팔 년 전

옛날에 어떤 시대가 있었다
그때 여기는 모든 것이 달랐다.
푸줏간 여주인은 알고 있다.
우편배달부는 너무나 똑바로 걷고 있다.
하며 전기공은 어떠했던가?

철[14)]

어젯밤 꿈속에
나는 커다란 폭풍을 보았다.
건물골조 안으로 파고들어
철로 만든, 건축용 발판을
쓸어가 버렸다, 옆으로.
하지만 나무로 만든 것은
휘어져 남아 있었다.

진실은 하나[15)]

친구들이여, 그대들이 진실을 알고 말해주기를 나는 바랬다!
"내일은 밀가루가 온다"라며 도망가는 지쳐버린 시저 같은 인물이 아니라

...하지 않으면 내일 저녁 우리는 패할 것이라고 말하는 레닌처럼.
노래에도 이런 구절이 있지 않던가
"형제여, 이렇게 물으며
곧장 시작하고 싶네
험한 우리의 처지에서
벗어날 수는 없어"
친구들이여, 힘껏 고백하고
힘껏 외치자, ...하지 않으면 안 된다고.

호라츠를 읽으며

노아의 홍수도
영원히 지속되지는 않았다
시커먼 홍수도
언젠가 사라져버렸다.
하지만 얼마나 적은 사람만이
살아남았던가!

개별 시

Gedichte

이승진 · 이정준 · 안상원 옮김

신을 찬송하며

1

어두운 계곡들 깊은 곳에서 굶주린 자들이 죽어갑니다.

당신은 그러나 그들에게 빵을 보여주고는 그냥 죽게 놔둡니다.

당신은 그러나 영원한 왕좌에 올라, 모습을 보여주지 않습니다.

구원의 역사를 제시하며 찬란하게, 하지만 잔혹하게.

2

당신은 젊은이들과 삶을 즐기려는 자들은 죽게 했습니다

하지만 죽고 싶었던 사람들은 죽게 놔두지 않았습니다...

지금은 죽어 썩어문드러진, 그 사람들 중 많은 이들이

당신을 믿었으며, 당신에 대한 신뢰를 지닌 채 죽어갔습니다.

3

당신은 여러 해 동안 가난한 사람을 그냥 가난하게 내버려 두었습니다

가난하기에 당신에 대해 가졌던 그들의 연모가 실제 당신의 하늘 보다 더 아름다웠기 때문이었겠지요.

유감스럽게도 그들은 당신이 구원의 등불을 들고 찾아오기 전에 죽어갔습니다

기쁜 마음으로 죽음을 맞이했지만 - 그들은 곧 썩어갔을 뿐입니다.

4

많은 사람들은 말합니다, 당신이 존재하지 않는다고 그리고 차라리 그편이 낫다고.

하지만 어떻게 그것이 존재하지 않을 수 있습니까, 그렇게 거짓말을 해대는 저것이?

당신으로 인해 먹고 살며, 당신 없이는 죽을 수도 없는 사람들이 저렇게 많은데 -

내게 말해주십시오, 어떻게 반박해야 할지 - 당신이 존재하지 않는다는 주장에
말입니다.

(1917)

그녀가 세상을 떠나자

그녀[1]가 세상을 떠나자, 사람들은 그녀를 땅에 묻었다
그 위로 벌써 꽃이 자라고, 나비들이 날아다닌다...
그녀는 너무 가벼워 땅은 아무런 무게도 느끼지 않았다.
그녀가 이렇게 가벼워지기까지 얼마나 많은 고통을 겪어야 했을까!

(1920)

사랑에 대한 테르치네[2]

커다란 무지개를 그리며 나는 저 두루미들을 봐!
두루미들 날아가니 어우러져 있던
구름도 함께 따라 갔네

하나의 삶을 떠나 다른 삶으로
같은 높이에서 날며, 같이 서두르며
두루미들과 구름은 마치 언제나 같이 있는 것 같아.

하여 혼자서는 이곳에 조금도 더 지체하지 않고
둘이 잠시 비행한 아름다운 하늘마저
저 두루미들은 구름과 나누어 가지려는 것 같아

저들의 눈에 보이는 것은 오로지
바람 속에 흔들리는 상대방 모습일지도 몰라
그 바람 속 날면서도 두루미들과 구름은 저렇게 같이 있잖아.

하여 저 바람은 저들을 유혹해 '무'로 데려갈 수도 있을 거야.
하지만 그들이 떨어지지만 않고 서로 같이 한다면
그 동안은 바람도 저들을 어쩌지 못 할 거야

그 동안은 적어도 이들은
비바람 치고 총소리 울리는 곳으로부터 벗어나 있을 수 있을 거야.
그처럼 언제나, 이 세상 어느 곳에서나

저들, 두루미들과 구름은 날아가고 있어, 서로에게 푹 빠져.

너희들 어디로 가는 거지?

아무 데도 아닌 곳으로.

누구로 부터 멀어지는 건데?

모든 사람들로부터.

그들이 얼마 전부터 함께 있었느냐고 너희들은 묻고 있어?

조금 전부터지.

또 그들이 언제쯤 헤어지게 되느냐고?

곧.

이렇듯 사랑은 연인들에겐 한 순간 의지할 곳처럼 보이는 거야.

(1928)

헌법 1조

1

"국가의 권력은 국민으로부터 나온다"

- 그런데 그 권력은 어디로 가는 거지?

그래, 도대체 어디로 가는 건데?

그래도 어딘가로 가기는 하겠지!

경찰이 집에서 나온다.

- 그런데 저 사람은 어디로 가는 거지?

등등.

2

잘 봐, 이제 저 괴물이 행진할거야.

- 그런데 저것이 어디로 행진하는 거지?

그래, 도대체 어디로 행진하는데?

그래도 어디론가 행진하겠지!

저것이 집 주위를 선회하네.

- 그런데 어디서 헤매는 거지?

등등.

3

국가권력이 갑자기 멈춰 섰다.

무엇인가 정지해 있는 것을 본 것이다.

- 무엇이 서 있는 것을 본 거지?

국가권력이 무엇인가 정지해 있는 것을 보았다.

그러자 갑자기 국가권력이 소리친다.

소리친다. 해산하라!

- 왜 해산하라는 거지?

계속 소리친다. 해산하라!

4

그래도 무엇인가가 모여 있다

그리고 그 무엇인가 질문 한다: 왜 그러는 겁니까?

왜 왜냐고 묻는 거지?

그래도 그 무엇인가가 왜? 냐고 묻는다!

그러자 국가권력이 총을 쏜다!

그러자 그 무엇인가가 쓰러진다.

저기 저렇게 쓰러지는 것이 무엇이지?

도대체 왜 금방 쓰러지는 거지?

5

국가권력이 알아챘다. 저기 오물 속에 무엇인가 자빠져 있는 것을.

무엇인가가 오물 속에 자빠져 있다!

저 오물 속에 자빠져 있는 것이 무엇이지?

무엇인가가 오물 속에 있네.

저기 무엇인가가 죽어 자빠져 있잖아.

그런데 바로 그게 국민이네!

정말 저게 국민이라고?

그래, 정말 저게 국민이야.

(1930)

세 병사
어린이를 위한 이야기책[3)]

1

세 병사

전쟁은 많은 사람에게 정말 좋은 것이었지
그런데 어느 날 전쟁이 끝났어
그래서 사람들은 고향으로 갔지 고통을 안고서 말이야
그리고 전쟁의 대가를 지불하기 시작했어.

오래 전부터 종전과 평화에 대해 이야기했지, 다른 사람들은
그런데도 플랑드르[4)]에는 아직
세 병사와 대포 한 대가 있었어
바닷가 깎아지른 절벽 위에, 그들은 아무것도 모르고 있었지.
전쟁 4년째 되던 해에
하사가 전사했기 때문에 일어난 일이야
그 하사가 유일한 사람이었거든
그들에게 뭔가 명령할 수 있는.
전화는 총으로 벌집이 되어버렸고
대포의 소음으로
그들은 종전을 알리는 종소리를 듣지 못했어
그렇지 않았다면 그들도 틀림없이 놀랐을 거야.
그들에겐 파발꾼들도 올 수 없었어
그들이 이 사람들을 쏴 죽였을 테니까
왜냐하면 그들은 사 년 동안 인간들을

그리고 그들이 무엇인지 알고 지냈기에
그래서 그들을 쏴 죽였어, 그들이 그들을 보는 순간
그렇기에 그들에게 아무도 접근할 수가 없었던 거야
한 사람의 인간도 그들에게 올 수 없었어, 이 상황은 끝이 나지 않았어!
그들 진지가 난공불락이었거든.

이 세 병사들은
세계대전에 빠져 들은 거야
그들도 원했는지 아무도 그들에게 물어보지 않았지만
애초에 그들은 그곳에서 무엇을 해야 하는지 전혀 알지 못했어!
이제 네 번째 해가 되었을 때
그들에게는 명백해졌지
그것은 부자들의 전쟁이라는 것이
그리고 부자들이 더 부자가 되기 위해서
부자들이 전쟁을 수행할 뿐이라는 것을 말이야.

셋은 오래 전에 포기했지, 부끄러워하는 것을
그리고 자신들의 어떤 것에 대해 나쁘게 생각하는 것을
그러나 이제 그들은 미워하기 시작했어
그들이 그러한 것을 감수해왔던 것을.
그래서 적들이 조용히 있는 것을 알았을 때
그들은 대포를 돌렸지
그리고 망설이지 않고 쏘았지
이번에는 그들 자신의 나라에도 한 발을.

무엇인가 감수했던 사람들을

그들은 이제 모두 쏘아 죽이기로 결심했어
그리고 입도 한번 벙긋하지 못한 채
모든 것에 예 그리고 아멘이라 말하는 많은 사람들
이런 사람들은 바로 모두 총에 맞아 죽어야 했어
사람들이 마침내 이 세상을 잘 알도록.
그리고 이 셋은
이 살육을 아무 생각없이 계속 수행해나갔지.

2

세 병사와 부자들

부자들은 아름다운 자기 집에 앉아 있었어
그리고 크게 소리쳤어, 전쟁은 끝났다.
그것은 물론 전혀 사실이 아니었어
서류상으로는 전쟁은 끝났지.
그런데도 마치 전쟁 중인 것처럼
사람들은 계속 죽어나갔어, 파리 목숨처럼.
사람들은 아직 전혀 그럴 나이가 되지 않았는데도
죽음이 온갖 형상으로 그들을 찾아왔어
그리고 비록 죽음이 더 가난한 사람들에게 오기는 했지만
그들은 더는 전혀 알지 못했어, 그것이 무엇을
의미하는지를, 왜냐하면 그들이 무엇을 하든지
언제나 그 세 병사가 찾아 왔기 때문이야.
그들이 모든 것을 감수했음에도 불구하고
셋은 와 그들을 계속 쏴 죽였어

그들은 이제 어찌할 바를 몰랐어
이 **셋**의 이름은 **배고픔**, **재난** 그리고 **기침**이었지.

불행은 이미 정말 어마어마했어
어느 날 한 위원회가 왔지
불쌍한 사람들의 사랑하옵는 신께 말이야.
그분은 평소처럼 앉아 있었지, 오늘도 그렇게
바로 그 돈 많은 사람들과 함께 식탁에 말이야.
그리고 이제 국이 나오고 생선을 기다리는 사이에
그 위원회는 신께 청했어
세상의 이 불행을 막아 달라고.
너희는 봤어야 했어, 무슨 일이
거기에서 벌어졌는지! 그것은 장난이 아니었어
부자들은 완전히 창백해졌지
사랑하옵는 신께서 당신의 잔을 전혀 비우지 않고
그리고는 부자들에게 그분의 집으로 오라 청했어
그곳에서 그분은 모두들 모이자마자 부탁했어
불행을 세상에서 제거하라고.

부자들이 동정심에 가득 차 말했지.
"불행을 정말 제거해야 하나? 해야 해!"
그들은 계속 생각했어 (그들은 날카롭게 생각한다), 다만
그걸 제거하는 데 한 푼도 들어서는 안 되지.
이처럼 비용 이야기에 이르자
그들은 곧 생각을 가다듬었어
그리고 그들은 서로 바라보았지 그리고 말했어

"사람들은 불행을 유감스럽지만 견디어 내야만 해.
유감스럽게도 (그때 다시 날카롭게 생각한다)
불행이 필요하지, 임금을 내리기 위해서는 말이야."
그때 부자들은 칼처럼 날카롭게 결정했어
불행은 제거되어서는 안 된다고.

그러나 그들은 사랑하옵는 신과 대면하였지
그리고 다른 청원을 위해 움직였어.
"당신께서는 불행을 제거하실 수 없습니다
저희가 저희 돈을 내놓아야 할지도 모릅니다
신이시여, 그것은 저희가 듣고자 하는 말이 아닙니다
저희는 당신께 다른 것을 제안합니다.
불행은 지속됩니다. 그것이 존재해왔던 그대로.
당신께서는 그것을 근절하실 수 없습니다 절대로
그러나 당신께서는 그것을 눈에 보이지 않게 하시는 것입니다."
따라서 불행은 계속 지속되지만
사람들은 불행을 더는 보지 않게 된다는 거야.
그때 사랑하옵는 신께서는 아니라고 말씀하시는 대신
다시 모든 것을 살피신 후
"나는 그것을 근절시킬 수 없다 절대로
좋다, 나는 그것을 보이지 않게 할 것이다."
그리고 그 시간부터, 정말
불행은 보이지 않았지.

부자와 그들의 신이 그것을 그렇게 하고 있다는 것
그것을 다음 사실이 증명하지.

우리들 도시에는 전깃불이 환하게 들어오지만

사람들은 그 도시의 참상에 대해 거의 보지 못하네.

3

투명한 자들

그래서 이 셋은 보이지 않게 되었지

그렇다고 해서 그들이 살인을 끝낸 것은 아니야.

투명해서 보이지 않았던 거야

하지만 그들을 통해서 사람들은 꿰뚫어 보았지, 그 뒤에 있는 것을.

그러니까 그들을 통해서 세상의 불의를 보았던 거야

어떻게 사람들이 고통당하고 착취당하는지

(그들 자체는 사람들이 보지 못했지만

그들은 오히려 강력한 서치라이트처럼 작용했던 거야.)

그들을 통해서 사람들은 아이를 보았지, 추위에 떠는

그리고 기계에

자기 발을 잃어버린 남자를

왜냐하면 그는 너무 빨리 작업을 해야 하기에.

일자리를 가지지 못한 남자를

왜냐하면 그는 그 도시에 존재하기에는 너무 나이가 들었기에.

날품팔이꾼을, 땅을 파는 날품팔이 작업부를

그리고 궁전 개보다 더 비참하게 살고 있는 그 작업부를.

집을 짓고 나서

정작 자신은 그곳에서 살 수 없는 미장이를.

다른 사람이 돈을 대어
집에 지붕을 얹는 목공을.

이 세 병사를 사람들은 결코 보지 못했어
그러나 사람들은 세상의 불의를 보았지 그들을 통해
그리고 유리잔처럼 투명했기 때문에
사람들이 그들이 있다는 걸 종종 까먹는 일이 생겼어
그래서 돈으로 잘 먹고 잘 사는 이들은
세상의 불의를 쉽사리 잊곤 하지
그러나 세 병사는 애를 썼어
때때로 사람들이 불의를 보도록 말이야
그리고 그들은 쏴 죽이기로 결정했어
그것을 감수한 모두를.

4

세 병사와 기관사

저녁이 정거장 역사 앞에 성큼 서있었지.
그때 기차 한 대가 역사를 빠져 나왔어.
문은 모두 닫혀있었지. 막 눈이 내리기 시작했어.
그때 승객 셋이 더 올라탔지.
그들은 닫힌 문들을 통과하여 나아갔어
화부가 석탄을 쑤셔 불을 돋우고 있는 앞쪽까지
모든 차량을 지나, 누구에게도 묻지 않고.
그들은 석탄차에 올라앉았지.

그때 아무도 그들을 보지 못했어, 이것은 정말
그들이 **보이지 않았기** 때문이었어.

열 시간쯤 달렸을 때
그들 중 하나가 시계 글자판을 보았어
그리고 몹시 어두운 표정으로
기차 기관사를 향해 앞쪽을 바라보며
아래 앉아 있던 다른 둘에게 말했어
"우리가 생각했던 대로야: 열 시간째 일하고 있네."
그런데도 화부는 다시 불을 쑤셔 돋우기를 시작했지
석탄 창고에서 땀으로 뒤범벅이 되어 기어 나오는
남자에게 그때 그들 중 하나가 말했어.
"어이 친구, 자네 대체 아직 얼마나 더 가야하나?"
그리고 같은 순간
또 다른 하나가 기관사의 목덜미를 후려쳤지
그의 눈앞이 깜깜해지도록 말이야.
그는 속도를 반으로 줄였어
그때 그가 돌로 된 무언가를 보았던 거야/ 보았어.
그것은 담벼락임에 틀림없었어
그래서 그는 크게 소리치려고 했지
그러나 그는 담벼락을 밀고 들어가고 말았어
그리고 기차는 레일에서 튕겨 나왔지
그래서 더 이상 아무도 여행할 수 없게 되었어
그리고 그의 두개골은 이미 부서졌지.
그때 그는 그들 중 하나가 외치는 것을 들었어.
"그렇게 오래 주행하는 놈, 그 놈은 죽기를 바라는 거나 마찬가지야."

누가 대체 그 말을 외쳤을까? 너희는 쉽게 알아맞힐 수 있을 거야.
그것은 세 병사 중 하나의 목소리였어.

그 후 너무 긴 시간 근무한 기관사들이
기차들을 탈선시켰어.
바로 이런 사실들이 증명하는 거야
세 병사가 그같은 일을 하고 있다는 걸.

5

세 병사와 부족한 주택

대포를 맞아 어느 때보다 더 많이
사람들이 죽고 있어, 형편없는 집에서 살고 있는 사람들이.
그 집에 너무 많은 가정이 살고 있다는 것을
모든 아이들이 다 알고 있는 집들이지.
그리고 그 속에 그 만큼의 세대가 존재하는 것은
집주인이 월세를 긁어모으기 위한 것이라는 것도 아이들은 알아.
어둡고 작은 모든 방에는
정말 많은 사람들이 있는데
그들은 아주 좁게 들러붙어
얼마 안 되는 공기를 재빨리 들이마셔야 하지
그렇지만 그렇게 많은 사람이 있어야만 해
집주인이 그들의 돈을 착복하기 위해서는.

그런데 오월 어느 날

세 병사가 지나가고 있었지
그들은 커다란 벽돌 더미를 보았어
그리고 말했지. "우리 들어가 보자."
좁은 나무계단 위로 서둘러 올라갔어
계단은 아주 크게 소리를 내며 발을 디디자 휘청거렸지
그리고 여러 개 컴컴한 구멍을 들여다 보았어
그리고 말했어 "여긴 순전히 범죄자들만 살고 있는 것 같군."
그리고 많은 사람이 그 안에 있는 것을 보았지. 남자, 여자 그리고 아이
그런데 아주 많은 사람들이 방 하나에 있는 것을 보았어.
그래서 곧 바로 엄청난 분노가 불타올랐지
그래서 곧 바로 사람들을 벽에 세웠어
그리고는 그들을 향해 끔찍하게 총을 쏴대어
모두를 죽였어 그리고 외쳤어.
"저런 곳에서 사는 자, 어른이든 아이든
그 자는 총에 맞아 죽기를 원하는 게 분명해."

그런 집에 들어가 살게 된 자
그 자를 바로 세 병사가 쏴 죽이는 거지.
더 자세히 말하자면 그의 폐를 쏘는 것이야
이런 식으로라도 그가 그 집에서 다시 밖으로 나오도록
그들이 강요하는 거지
비록 죽어서 나와야 하긴 하지만

그 후 그러한 집들 주변에서는
높은 사망률이 지속되고 있어.
바로 이런 사실들이 증명하는 거야

세 병사가 정말 그런 일을 하고 있다는 걸.

6

세 병사와 아이 부자

어느 날 세 병사가 지나가고 있었어
그때 아이들이 크게 소리치는 것을 들었지.
하나가 말했어, 들어나 가보자
우리도 좀 참견해야 할 것 같은 생각이 드는데.
그들이 방으로 말없이 들어갔을 때
거기엔 식탁 주변으로 열 한 명의 아이들이 둘러 앉아 있었지.
혈색 좋은 열한 명의 아이가 아니라, 열한 명의 창백한 아이들이었어
그리고 식탁에는 잔 하나가 놓여 있었지.
그 잔은 사기로 되어 있었어
그리고 그 열 한 아이들이 그것을 바라보고 있었지.
더 자세히 말하자면 그것은 시에서 그들의 부모에게
무료로 준 잔이었어
왜냐하면 이렇게 많은 아이들을 낳았기 때문이었지
비록 굶주려 배부른 아이가 하나도 없기는 하지만.
열 두 아이들을 가진 모든 사람은
시로부터 잔 하나를 받았어
그런데 정말이지, 그 세 명의 보이지 않는 자들은 정확하게 세었지.
열하나는 식탁에 앉아있고, 그리고 열두 번째는 부인의 품 안에 있었어.

그때 우리의 셋은 음침하게 미소를 지었지

그리고 아이들을 차례로 바라보았어
그리고 세 병사들 중 하나가 손짓으로 신호했지
그리고 아이들에게 크게 소리 질렀어. 마셔라!
아이들은 고사리 손을 쭉 뻗었어
그런데 제일 큰 아이가 그 잔을 끌어갔지
그리고 마시려 했어. 그 셋이 이쪽을 바라보았기 때문에
그러나 그 아이는 마실 수 없었지. 그 잔은 비어있었던 거야.
이 방 어디에도 우유 한 병 그리고 빵 한 조각 없었고
오직 아이들과 배고픔과 궁핍만이 있었지.

그때 셋은 어머니를 바라보았어
그리고 물었어, 어떻게 그렇게 많은 아이를 가질 수 있는지
아이들을 위해 먹을 것도 없으면서.
"당신은 그것을 피할 수 없었나?" 그때 그녀가 물었어, "어떻게요?
그것은 경찰이 금지하고 있어요!"[5)]
그때 고개를 저었어, 셋은
그리고 계속 물었지. 대체 어떠했는지?
그렇다면 혹시 경찰이
그녀에게 아이들 우유도 선물했는지?
그때 그녀가 말했어, 경찰은 그런 것은 생각하지 않는다고.
그러자 셋은 그녀가 못 마땅해졌어
그래서 화난 소리로 말했어, "그래, 그것을 당신은 그냥 감수하겠다고?"

그리고 그녀에게서 그 잔을 빼앗아갔어
그리고 그것을 그녀의 눈앞에서 쓰레기 속에 던져버렸지
그리고 그리 오랫동안 협박하지는 않았어

그리고 곧바로 처형에 들어갔지
그리고 말없이 아이들을 손에 감싸 안았어
그리고 그들을 조심스럽게 벽으로 데리고 갔지
그리고 그들을 친절하게 껴안았어
왜냐하면 아이들을 그렇게 다룰 수 없기 때문이지.
그리고 그들이 한 줄로 섰을 때
그때 그들을 쏘아 죽였어 셋은
그러나 아주 나지막이, 그래서 그 작은 아이들이
어떤 소리도 거의 전혀 듣지 않고
다만 배에 잠깐 통증 한 번 느끼도록
그것을 아이들은 더는 견딜 수 없거든.

그 후 가난한 사람들이 너무 많은 아이를 가지면
그 집 아이들이 파리처럼 죽어나가지.
바로 이런 사실들이 증명하는 거야
세 병사가 정말 그런 일을 하고 있다는 걸.

7

세 병사와 교회

독가스와 대포보다 더 많이
먹어 없애지 이 세상에서 종교가.
이 세상을 자신만을 위해 살고 있는 자
자신의 형제에게는 딴 세상을 가리키지.

세 병사는 잠을 편히 자지 못했어
그래서 그들은 언제나 정말 기꺼이
일찍 일어났지.
또한 그들은 생각하는 것 같았어
자신들이 무엇인가 놓칠 수 있고 보지 못할 수도 있다고 말이야
그래서 그들은 일찍 일어나고자 했던 거지.
그렇게 그들 중 하나가 한번은 아침 6시 정각에 대략
한 시간 동안 한 소년의 뒤를 쫓아갔어.
그는 너희들처럼 그렇게 보이지 않았지
흰 옷을 입었고 종이처럼 가냘파 보였어
마찬가지로 그도 잠도 자지 않았어, 침대 속의 너희와 달리
대신 쟁반 하나를 들고 배회했지
그 위엔 바삭바삭 맛있고 그리고 단단한
빵들이 놓여 있었지, 너희가 아침마다 먹는 그런 빵이.

병사는 오랫동안 그의 뒤를 따라 다녔어
그리고 상상도 해보고 매우 원하기도 했지
소년이 잊지 않기를
자신도 그 빵들 중 하나를 먹는 것을 말이야
그가 아침빛 속에서 보였기 때문에,
굶주림이 소년의 얼굴에 서려있었어.
그러나 소년은 모든 빵을 남들 문 앞에 놓았지.
그때 병사는 대화를 시도하기 시작했어.

병사가 물었지. "배고프냐, 아이야?"
"예 정말." 재빨리 내답했어.

말했어 병사가, "배고프면, 먹어라!"
말했어 소년이, "한 입이라도 해선 안 돼요."
말했어 병사가, "그것은 미련한 짓이야."
물었어 그에게 소년이, "왜지요?"
"먹을 것을 만드는 자, 그 사람 자신도 먹어야 하지."
말했어 소년이, "중요한 것은 누구의
먹을 것을 먹느냐이지요. 내 것과 네 것이 있는데요."
말했어 병사가 그에게, "아니야."
소년은 그의 얼굴을 보았어
그리고 말했어, "남의 빵을 나는 먹지 않아요.
이것은 분명해요. 우리는 그리스도 교도로서
내 것이 아닌 것은 먹지 말아야 해요
배가 고프든 배가 부르든 상관없어요
왜냐하면 그 대신 그리스도 교도는 자신의 성찬이 있기 때문이지요."
"그렇구나, 그런데 넌 언제 네 성찬을 받게 되느냐?"
소년은 그에게 날짜와 교회와 정문 입구를 알려줬어.
그는 계단 하나도 기어 올라갔지
그때 병사는 교회의 주소를 받아 적었어.

오르간이 연주되고, 신도들은 노래를 부르고 있었지.
그때 보이지 않는 자들 셋이 교회 중앙통로를 따라 갔어.
초가 타고 있는 앞쪽으로 갔지
그리고 그곳에 서있는 소년들을 바라봤어.
그리고 하나가 말했지, "여기서는 그러해야 해.
여기에는 내 것 네 것이 없다고 주장하지.
울고 있는 저 여자 옆 저 아이가 걔야

저기 마른 사내, 그 아이가 내 친구지.
그가 오늘 여기서 먹을 것을 얻을 거야."
두 병사는 히죽 웃었어. 그 사이
목사가 그 마른 아이에게 자신에게 오라고 손짓 했어
오르간은 장엄하게 연주되고 있었어
소년은 말없이 목사에게 갔지
그리고 보이지 않는 자들 셋은 그 아이 뒤로 섰어.
그들은 엄하게 감시했어, 부끄러워하지 않고
그들의 친구가 먹을 것 무엇을 얻는지.
그때 목사는 제병 하나를 집었어, 그리고
그것을 소년의 입에 넣어 주었지.
그것을 그는 그에게 신의 이름으로 주었어.
소년도 바로 아멘이라고 말했지
그때 커다란 손이 후려쳤어 그의
얼굴을, 그의 의식이 사라져버릴 정도로.
그것은 그 병사의 손이었지
그가 참을 수 없는 분노를 느꼈던 거야.
소년은 밖으로 옮겨졌지
그때 한 여인이 말했어, "쟤 뱃속은 비어있어."
모든 사람은 곧 진정되었고
계속해서 신의 말씀을 들었어.

그 후 자기 자신이 아니라 신의 삶을 사는 자들
그자들이 세상 밖으로 쫓겨났어.
바로 이런 사실들이 증명하는 거야
세 병사가 정말 그런 일을 하고 있다는 걸.

8

세 병사와 의술

베를린 모아빗 지역의 한 공장 앞에
보이지 않는 자들 셋은 기분 나쁜 눈초리로 서있었어.
더 자세히 말하자면 그들은 굶주린
실업자 군중 속에 있었지.
이들은 모두 공장 안으로 들어가려 했어
그러나 출입문은 닫혀 있었지 돌로 만들어진 육중한 그 문은.

세 병사가 바로 그 앞에 서 있었어.
그때 두 여자가 나왔어 출입문 밖으로.
소녀 둘이었지, 벽처럼 하얀
한 소녀는 붕대 감은 손을 하고 있었어.
그들은 똑바로 갔지, 셋은 뒤따르고
길을 내려간 뒤, 의사 문패를 단
어떤 집으로 들어갔어. 그런데 그곳에는
분명하게 쓰여 있었어, 이 의사는 일반의라고.

그때 셋은 집 앞에서 기다리고 있었지
그리고 곧 두 소녀가 다시 나왔어.
"잘 되었나?" 출입문 앞에서 셋은 물었지.
"아니요", 한 소녀가 말했어, "먼저
보험증을 가져와야만 합니다." "그렇지 않으면", 창백한 소녀가 말했어
"의사가 보험회사로부터 자신의 돈을 받지 못 한대요"
"그래서 다시 나온 거야?" 세 병사가 물었지

그리고 곧 바로 성을 내기 시작했어.
그리고 한 병사가 소리쳤지. "그 손 좀 보여줘 봐!"
그리고 그 소녀에게서 얇은 붕대를 뜯어내었어.
붕대라고 해봐야 더러운 헝겊 한 조각이었어.
그는 손을 잡아 아래쪽을 향하도록 했어.
그 손은 완전히
방적기로 찢겨나갔기 때문에
그녀의 모든 피가 그곳에서 흘러나왔지
그래서 그녀는 병원을 눈앞에 두고 그의 집 앞에서 죽었어.

보험 의사들이 그러한 짓을 하고 있다는 것
그것은 진실이지.
보험에 들은 사람들은
그것을 감수해야만 한다네.

9

세 병사와 밀

밀과 빵의 큰 부족사태로
세계대전보다 더 많은 사람이 죽어나가고 있어.
지난해 미국에는
도처에 밀이 자랐지, 눈이 닿는 모든 지역에서.
우리가 삼 주 동안 직진했는데도
오른쪽 왼쪽 밀밭은 끝이 나지 않았어.
그리고 우리가 물어보았던 모든 사람들이

말했지. 금년엔 빵이 충분할 거야.
간단히 말하면, 지난해에는 밀이 아주 풍족했어
모든 사람들을 위해서 충분할 만큼
그리고 모든 사람들이 먹을 것을 얻어가더라도
밀은 바닥나지 않았을 거야.

그리고 지난해 마침내
수확된 모든 밀이 집합되었을 때
다섯 부자가 나타났지
그들은 밀을 바다에 부어버렸어.[6]
그 밀이 이 다섯 사람 것이었거든
네 장화가 네 것이고, 내 모자가 내 것인 것처럼
이 지구에 너무 많은 밀이 있으면
더는 값어치가 나가지 않는 법이야
너무 많이 존재하는 것은
대가를 제대로 받지 못하고 인기도 별로 없는 법이거든.
사람들은 그러면 전혀 사지도 않고, 다른 곳으로
가버리게 되지, 그들이 그것을 더 싸게 살 수 있는 곳으로.
그렇기 때문에 화가 난 부자들은 말했어
"밀은 바다로 부어질 것이다.
우리가 절반을 바다에 쏟아버리면
나머지 반은 다시 어느 정도 값어치가 나가가 될 거야.
그러면 다시 세상에는 빵이 부족하게 되고
그러면 사람들은 빵을 위해 많은 돈을 지불하게 될 거야.
그리고 돈이 없는 사람들은 말이야
그래도 먹고자 한다면, 돌을 먹어야 할 거야."

그들은 빵을 바다 조류 속에 버렸어
네가 네 장화를 그리고 내가 내 모자를 그러하듯이.
어느 누구도 무어라 할 수가 없는 거야, 어떤 이가 파괴할 경우엔
자신이 지불했고 그래서 자기 것인 것을 파괴할 경우엔!

기차 한 대가 바닷가를 따라 달리고 있었지
열차에서 그들은 곡식을 바다로 던졌어. 그것은 가라앉았지.
철도 열차 한 대분 전부가 순식간에
그리고 수천 명 사람들이 구경을 했지.
가난한 사람들이 빙 둘러 서있었어
구경을 하며 말없이 서있었지.

곡식은 바로 바다 속으로 흘러들어갔어
그때 세 병사가 다가왔어.
그들은 밀이 사라져 버리는 것을 보았지
그리고 가난한 사람들이 말없이 수수방관 하고 있는 것을
그리고 누구도 아무것도 하지 않는 것을 보았을 때
그들은 엄청난 분노를 느껴
더는 자신들이 무엇을 하는지 알지 못했어
갖고 있던 수류탄을 꺼내어
사람들에게 던졌어.
사람들은 무더기로 쓰러졌지.
그때 셋은 말했어, "우리한테 한방 먹은 자들,
그들은 더는 살고자 하지 않았던 사람들이야
그렇지 않다면 그들은 틀림없이 가만있지 않았을 거야
사람들이 그들이 빵을 바다 속으로 쏟아버린 경우."

그 후 먹을 빵을 얻지 못하는 자들이
파리처럼 죽어 나가고 있지.
바로 이런 사실들이 증명하는 거야
세 병사가 정말 진짜로 그런 일을 하고 있다는 걸.

10
세 병사와 사법부

도시 한 가운데 커다란 건물 하나가 놓여 있었지
그 안에 유복한 사람들의 아들들이 앉아 있었어
한 달에 그렇고 그런 정도 돈을 받고 (그런데 결코
적지 않은) 가난한 사람들을 판결하기 위해 말이야.

어느 날 - 하기 휴정 기간이 막 끝난 직후
또 다시 한 노동자가 이 집에 서있었어.
그는 국가반역죄로 기소되어 있었지
검사는 그것을 이제 막 증명해 보이고 있었어.
그때 세 보이지 않는 자들이 들어왔지
그리고 맨 뒷줄에 앉았어.

검사는 명명백백 증명해 내었지
그 노동자가 반역자라는 것을 말이야.
그는 수중에 증거도 가지고 있었어
그것은 "익명"의 편지 한 장이었지.
그 속에는 아주 명백하게 쓰여 있었어

그 노동자가 반역자라는 것이.
(그 필자는 이름이 거론되지 않았지
단지 그가 어느 공장주라고만 했어.)

그리고 그때 그는 서류철에 또 하나의 증거를 가지고 있었어
그리고 이 증거 또한 확고부동한 것이었지.
그는 그것을 소리 낮춰 말해주었어, 속삭이는 것처럼.
"저 남자는 돈이 필요했던 거야."
그리고 그 말을 법복 입은 셋은 이해했지
왜냐하면 그 남자가 노동자이기 때문이었는데
노동자는, 온 세상이 다 알고 있듯이
노동의 대가로 너무 적은 돈을 받고 있었어.

그 노동자는 법복 입은 셋을 보았지
그리고 말했어, "이 모든 것은 진실이 아닙니다.
나는 알지 못해요 당신들이 무기를 어디에
숨겼는지. 나는 당신들 국가와 아무런 관계가 없어요."

판사들은 물론 그 말에 어떤 가치도 두지 않았지
다만 그 보이지 않는 셋만 뒤에서 일어났어
그들은 서로 말했지. 그의 얼굴에
쓰여 있었어 그가 진실을 말하고 있다는 것이

판사는 자신의 옷깃을 여미었어
그리고 물었지. "말할 것이 아직 있습니까?"
그 노동자는 말했어. "그건 아무 의미가 없습니다."

보이지 않는 셋이 판사석에 앉았지.
(두 판사 각각의 사이에 앉을 틈이 있었어
그곳에 그들은 앉았지. 보이지 않게.)
그때 판사들이 판결했지. 보이는 자들과 보이지 않은 자들이.
그리고 그 노동자에게 징역을 선고했어. 15년을.
그 남자가 물으려 했지. 무엇 때문이지요?
그러나 판사들은 이미 문을 지나가 버린 뒤였어
법복을 벗고
다른 옷을 입기 위해.
(왜냐하면 그들은 두 종류의 옷을 가지고 있거든.)
그때 세 목소리가 판결을 계속 말했어.

"당신이 용인한 대가야
한 번도 배 곯아본 적 없고
하루 밤도 도시에서 무숙자로서 지내본 적 없으며
너에게서, 너의 임금에서 보수를 받는
돈 많은 자의 아들로
그런 인간이 너를 다루도록 용인한 대가야
너에게도 부족한 것을 그가
법의 이름으로 너에게서 빼앗아가는 것에,
그리고 이름 모를 한 남자를 돈으로
진실에 대한 증인으로 삼는 것에 동의한 대가야."

세 병사가 그런 판결을 내리리라는 것
그것을 사람들은 상상할 수가 있지.
자신을 심리하는 그러한 사법부를 감수하는 자

그에게 바로 책임이 있는 거야. 왜냐하면 그는
정의를 그러한 사법부로부터 해방시켜야 하는
책무를 지니고 있거든.

[...]

14

모스크바의 세 병사

셋은 전쟁에 이미 싫증이 났어
그때 그들은 어떤 새 도시로 갔지
그리고 그들이 둘러보러 여기저기 갔지만
그들은 오로지 노동자들만 지나가는 것을 보았어.
그들은 물론 잘 알고 있었지
이 도시는 모스크바라는 것을.
그때 셋은 서로에게 말했어, "걱정하지 마
우리는 곧 총질을 시작하게 될 거야."
그러나 그들이 이러한 여러 골목길을 지나는 동안
그들은 무언가를 감수하는 어떤 사람도 볼 수 없었어
불행은 여전히 존재하고 있었지
그러나 누구도 그것에 동의하지 않았어.
그 대신 셋은 모두 집에서 말하는 것을 들었지
불행은 세상 밖으로 쫓겨나야 한다고.

그리고 눈 깜작할 사이에 많은 사람들이 왔지

그리고 셋을 궁지로 몰아넣었어
그리고 그들 이름 하나하나를 불렀지
모든 세상 사람들이 그들을 알아 볼 수 있도록.
"너는 배고픔이지!" 그들이 외쳤어
"너는 이제 총살될 거야, 너 이 짐승 같은 놈!"
"어이, 재난!" 그들이 외쳤어, "나에게 그를 보여 봐!
그 녀석도 더는 보고 싶지 않아."
"기침, 너는 충분히 짖어대었지
너 개 같은 놈, 이제 너는 세상에서 쫓겨나야 해!"
그리고 그들은 결정했지, 이 세 동반자는
붉은 광장에서 총살되어야 한다고.
그 소리를 듣자 그들은 불쾌해졌어
그들은 잠긴 목소리로 말했지, "그래 너희가 옳다."

그리고 자신을 겨누고 있는 총구를 들여다보았을 때
셋은 웃었어, 처음으로
그리고 말했지, "이제 우리는 여기에서 모든 사람을 만나봤어
그런데 아무도 불행을 감수하지 않고 있지.
이 사람들은 사유능력이 있는 사람들이야
그들은 우리를 주저함 없이 벽에 세우고 있어."
그들은 총살당하는 중에도 소리쳤지
그들은 이것을 기꺼이 감수하노라고.

(1930)

야간 수용소

내가 듣기론, 뉴욕
브로드웨이와 26번가가 만나는 귀퉁이에
겨울철이면 저녁마다 한 남자가
지나가는 사람들에게 구걸해
잠 잘 곳 없는 이들에게 잠자리를 마련해준다고 한다.

이런 방식으로는 이 세상이 변하지 않는다
인간들 사이의 관계 역시 개선되지 않는다
그런 방식으로는 착취의 시대가 단축되지 않는다
그래도 몇 몇 사내들은 잠자리를 얻을 것이다
바람은 하루 밤이라도 그들을 비켜갈 것이고
그들에게 내리려던 눈도 길 위에 떨어질 것이다.

이보게 친구, 읽고 있는 그 책을 내려놓지 말게나
몇몇 사내들이 잠자리를 얻고
바람이 하루 밤이라도 그들 곁에 가까이하지 못하고
그들 위로 내리려던 눈은 길 위로 떨어질 것이다.
그러나 그런 방식으로는 이 세상이 달라지지 않는다
인간들 사이의 관계도 개선되지 않는다
그런 방식으로는 착취의 시대가 단축되지 않을 것이다.

(1931)

모든 생산품에 대해

모든 생산품들 중 내가 가장
좋아하는 것은 사용되어진 것들이다.
찌그러지고 가장자리가 다 닳아빠진 구리 그릇
여러 사람들이 사용해 나무 손잡이가
다 닳아 버린 칼과 포크, 이러한 형태가
내겐 가장 고귀하게 여겨진다. 또 많은 사람들이
밟고 다녀 반질반질해지고, 사이사이 잡초들이 자라난
오래된 집 주위에 깔려 있는 포석(鋪石)들, 이러한 것들이
복 받은 생산품들이다.

여러 사람들에 의해 사용되면서 또한 자주 겉모습을
바꾸면서 이들은 자신의 형상을 개선하고 또한 고귀해진다.
이유는 이렇게 자주 그 진가가 인정되었기 때문이다.
손이 떨어져 나간 조각들의
부서진 파편들조차도 나는 좋아한다. 이것들도 역시
내게는 살아 있었다. 비록 지금은 무너져 내렸더라도 전에는 이리 저리 운반되며 사용되었다.
비록 짓밟히고 폐허가 되었지만, 그전에도 이 조각들은 그렇게 높이 서있지는 않았었다.
반쯤 부서진 건축물은
거대하게 계획된 것이 아직 미완성인 채로 남아 있는
모습을 보여준다. 그 건축물들의 아름다운 윤곽은
상상할 수 있다. 그러나 이것은 우리의
상상력이 필요하다. 한편으로

이들은 벌써 이용되었다, 정말 이들은 극복되었다. 이 모든 것이 나를 행복하게 만든다.

(1932)

나는 묘비가 필요 없다.

나는 묘비가 필요 없다. 하지만
당신들이 나를 기억하기 위해 필요하다면
그 위에 이런 글이 쓰이면 좋겠다:
"그는 여러 제안을 했다. 우리는
그 제안들을 받아들였다."
이러한 묘비명을 통해
우리 모두는 존중받게 될 것이다.

(1933)

『횃불』 888호 (1933년 10월 호)에 실린 10행 시[7]의 의미에 대해

제 3제국이 수립되었을 때
많은 말을 해 왔던 그로부터는 단지 짧은 소식만이 들려 왔다.
10행 짜리 한 편의 시에서
그는 목소리를 높이고 있었다, 단지 목소리로만으로는
충분치 않다고 탄식하기 위해.

만행이 어느 정도에 도달하게 되면
일일이 예를 들 수 없게 된다.
악행들은 점점 더 증가하며
탄식의 외침은 입을 다문다.
범죄들이 뻔뻔하게 길거리를 활보하면서
떠들고 싶으면 떠들어보라고 큰소리로 비웃는다.

목 졸리는 사람들에겐
말이 목에 걸리는 법
고요함이 널리 퍼지고
침묵은 동의로 여겨진다.
폭력이 완벽하게
승리한 듯 보인다.

단지 절단된 몸뚱이들만이 아직도
말해 주고 있다, 그곳에 범죄자들이 있었다는 것을
단지 황폐해진 기주지 위에 떠도는 정적만이

악행을 말해 주고 있다.

그래 투쟁이 끝났다는 말이냐?
악행이 잊힐 수 있단 말이냐?
살해된 자들이 땅 속에 묻히고 목격자들의 입에 재갈이 채워질 수 있단 말이냐?
옳지 못한 것이, 그것이 옳지 못함에도, 승리할 수 있단 말이냐?
악행은 잊힐 수 있다.
살해된 자들은 땅 속에 묻히고 증인들의 입에는 자갈이 채워질 수 있다.
옳지 못한 것은, 그것이 옳지 못함에도, 승리할 수 있다.
탄압이 식탁에 다가와 앉아 피 묻은 손으로
음식에 손을 뻗치고 있다.

그러나 음식을 힘겹게 끌고 왔던 사람들은
빵의 무게를 잊지 않고 있다; 굶주림이란 단어의 사용이 금지된다고 해도
그들의 굶주림은 점점 깊어만 갈 것이다.

배고픔에 대해 말한 사람은 살해되어 널브러져 있다.
탄압에 대해 말한 사람의 입에는 자갈이 채워져 있다.
그러나 고리의 이자 돈을 빌리는 사람이 고리대금을 잊지 않는 것처럼.
탄압 받은 사람들도 그들의 목에 가해졌던 발길질을 잊지 않는다.
그들에게 가해지는 폭력이 최고에 도달하기 전에
저항이 새롭게 시작될 것이다.

말을 많이 해오던 그가
자신이 침묵했다고 사과했을 때

침묵은 법정 법대 앞에 다가와
법관의 눈을 가렸던 수건[8])을 벗겨내고,
스스로 만행의 증인임을 자백했다.

(1934)

장보는 아낙네

나는 나이들은 아낙네.
독일이 잠에서 깨어났을 때[9]
보조금은 줄어들었다. 내 자식들이
가끔씩 한두 푼 주기는 했다. 하지만 난
그 돈으론 살 수 있는 것이 거의 없었다. 그래서 처음엔
늘 장보러 가던 가게들에 좀처럼 가지 않았다.
그러나 어느 날 나는 곰곰이 생각한 끝에
매일 다시 빵가게와 야채가게에 가기 시작했다
늙은 장보는 아낙네로서.
나는 조심스럽게 식료품들을 뒤적거리다
전보다 많지 않게, 그러나 전보다 적지도 않게 골랐다.
큰 덩어리 빵과 작은 빵 그리고 배추와 파를 그리고 마침내
계산대에 섰을 때, 나는 한숨을 쉬어댔다.
내 굳은 손가락으로 작은 가죽지갑을 헤집었다.
그리고 머리를 흔들며 고백했다, 내가 가진 돈이 이 변변치 않은 것의
값을 치르기에도 모자란다고. 그리고 나는 머리를 흔들어대며
다른 장보러 온 사람들 모두가 보는 가운데 그 상점을 떠났다.
나는 스스로에게 말했다,
만약 아무 것도 가진 것이 없는 우리가
음식들이 진열되어 있는 곳에 더 이상 모습을 드러내지 않는다면
우리가 필요한 것이 아무 것도 없다고 사람들이 생각하지 않겠니?
그러나 우리가 나타나 아무 것도 살 수 없다면
사람들은 사정을 알게 될 거야.

(1934)

언젠가 생각했었지[10)]

1

언젠가 생각했었지: 먼 훗날
내가 사는 집들이 무너져 내려도
내가 타고 다니던 배들이 삭아 허물어져도
다른 사람들의 이름과 함께
내 이름이 계속 불릴 거라고.

2

비록 고상하지 못하다는 소리를 들으면서도
내가 유용한 것을 칭송했기 때문에
내가 종교라는 것들과 투쟁했었기 때문에
내가 억압과 싸웠기 때문에 그리고
여러 다른 이유들도 있었기에.

3

또한 내가 인간을 위해 존재했기 때문에 그리고
내가 그들을 존중하며, 그들에게 모든 것을 위임했기 때문에,
내가 시를 쓰며, 언어를 풍성히 해 놓았기 때문에
내가 실천적인 태도를 가르쳤기 때문에, 그리고
또 다른 이유들도 있었기에

4

그렇기 때문에 나는 생각했었다, 내 이름이 여전히
불릴 것이라고, 돌 위에

내 이름이 새겨지고, 이 책 저 책에 계속
내 이름이 인쇄될 것이라고.

5

그러나 오늘
나는 동의한다, 내 이름이 잊힐 것이라는 것에.
오늘 먹을 충분한 빵이 있는데
빵집 주인을 찾아야 할 이유가 있을까
또 다시 눈이 올 텐데
쌓여있는, 녹아 없어질 눈을 칭송할 이유가 있단 말인가?
무엇 때문에
과거가 있어야 할까, 만약
미래가 존재한다면?

6

무엇 때문에
내 이름이 불려야 한단 말인가?

(1936)

회의하는 자[11]

언제나, 하나의 질문에 대해
대답을 찾았다고 여겨질 땐
우리들 중 하나가 끈을 풀어 벽에 걸린
오래된 중국 족자를 펼쳤다. 그러면
그 긴 의자 위에 앉은 남자, 바로 그 회의하는 자가
모습을 드러냈다.

그는 우리에게 말했다, 나는
회의하는 자, 나는 의심한다,
너희들이 하루 종일 한 일이 성공적이었는지를.
너희가 말한 것이, 비록 말재주가 없었더라도, 그 누구에겐가는 가치 있는 것이었는지를.
또는 너희들이 능숙하게 말했더라도
너희들이 말한 것이 진실 된 것이라고 너희들 스스로 믿고 말했는지를
그것이 애매모호한 것이 아닌지를. 그로 인해 있을 수 있는 모든 오류들의
책임은 너희가 져야 할 것이다. 하지만 아주 명백히 말할 수도 있을 것이다.
그러기 위해 사물로부터 모순을 제거할 수도 있을 것이다. 그러나 그렇다면 그것은
너무 명백하지 않겠니?
그럴 경우 너희가 한 말은 사용될 수 없을 것이다. 너희가 말한 사물은 그렇다면 죽은 것이 된다.
너희는 정말로 멈추지 않고 사건의 흐름 속에 있느냐? 모든 생성되는 것에
너희는 동의하느냐? 너희 역시 생성되고 있느냐? 너희들은 누구냐? 누구에게
너희는 말하고 있느냐? 너희가 말한 것이 누구에게 도움이 되느냐?
그리고 또한,

너희가 말한 것이 너희 정신을 맑게 하느냐? 그 것이 아침에 읽을 수 있는 것이냐?
그리고 너희가 말한 것이 지금 현존하는 것과 연관되어 있느냐? 너희 앞에서 말해진
문장들이 이용되었느냐, 적어도 부정되기라도 하였느냐? 그 모든 것은 증명 가능한
말이냐?
경험을 통해? 아니면 어느 무엇으로라도?
그러나 무엇보다도
언제나 그 무엇보다도 중요한 것은: 너희가 말한 것을 사람들이 믿는다면
그들이 어떤 행동을 하게 되느냐? 무엇보다도: 어떤 행동을 하게 되느냐? 이다.

우리는 이 회의하는 자를
족자 안의 푸른 옷을 입은 그 자를 다시 말아 올렸다. 그리고 서로 마주 쳐다보다
다시 시작했다, 처음부터.

(1937)

오로지 점증하는 혼돈 때문에[12)]

계급투쟁이 벌어지는 이 도시에 살며
우리 중 몇몇은 최근 몇 년 사이에 결심했다
항구도시들에 대해, 지붕을 덮은 눈에 대해, 여인에 대해
지하에 저장한 사과들이 익는 향기에, 인간 육체가 주는 촉감에 대해
인간을 원만하게, 인간답게 만든다는 그 모든 것에 대해 더 이상 말하지 않기로,
대신 더욱 더 이 혼돈에 대해 말하기로.
다시 말해 편파적이 되기로, 건조해지기로,
정치 장사에 관여하기로, 변증법적 경제학의
메마르고 "품위 없는" 단어를 사용하기로
이를 통해 눈 내리는 풍경 (눈이 차지만은 않다는 것은 우리도 안다)과
착취, 유혹적인 육체와 계급 차별적 재판이
끔찍하게도 서로 뒤 섞여 공존하고 있는 이 현실에 대해
우리가 세상은 다양한 것이라고 끄덕이며, 동의하지 않도록,
그리고 이 피비린내 나는 삶의 모순들을 즐거움의 대상으로 삼지 못하게 하기 위해
　서였다.
너희들은 나를 이해해주겠지.

(1937/38)

서정시를 쓰기 힘든 시대

나도 안다, 행복해 하는 사람만이
사랑 받는다는 것을. 그런 그의 음성은
듣기 좋고, 그의 얼굴은 보기 좋다.

마당의 구부러진 나무는
땅의 토질이 나쁘다는 것을 말해 준다. 그러나
지나가는 사람들은 나무를
못생겼다 욕하기 마련이다

해협을 떠다니는 산뜻한 보트와 즐거운 돛단배들이
내 눈에는 들어오지 않는다. 오직
어부들의 찢어진 어망만이 눈에 보일 뿐이다.
왜 나는 나이 마흔의 소작인 처가
벌써 허리가 굽은 채 걷는 것에 대해서만 이야기하는가?
처녀들의 젖가슴은
예나 이제나 따스한데.

나의 시에 운을 맞춘다면
내게 그것은 오만이나 다름없다.

꽃피는 사과나무에 대한 감동과
칠쟁이[13]의 연설에 대한 경악이
나의 가슴 속에서 다투고 있다.
그러나 바로 이 두 번째 것만이
나로 하여금 시를 쓰게 한다.

(1939)

차 끓이며 신문을 보다

이른 아침이면 나는 신문에 난 획기적인 계획들을 읽는다
교황과 왕들, 은행가들과 석유귀족들이 내세운 거창한 계획들을.
다른 눈으로는 냄비에서 끓고 있는
찻물을 쳐다본다
흐려지다가 끓기 시작해 다시 맑아지더니
냄비를 넘쳐 불을 꺼버리는 과정을.

(1942)

악한 형상의 탈

우리 집 벽에는 일본사람이 나무로 만든
금 매끼를 입힌 악령의 형상을 한 탈이 걸려 있다.
부풀어 오른 이마의 핏줄은 암시한다
악하기가 얼마나 힘든지를
공감하며 나는 탈을 쳐다본다.

(1942)

살아남은 나

나도 잘 안다, 오로지 운이 좋아
그 많은 친구들과 달리 내가 살아남았다는 것을. 하지만 오늘 밤 꿈 속에서
그 친구들이 나에 대해 말하는 것을 들었다, "더 강한 자들이 살아남는 법이다"
나는 내가 미웠다.

(1942)

시민권 취득 시험

로스앤젤레스, 미국 시민권을 얻으려는
사람들을 심사하는 판사 앞에
한 이탈리아 음식점 주인이 나타났다. 그에게 주어진 질문,
수정헌법 8조의 의미에 대해? 그의 답변은
1492였다. 그는 집으로 돌아가야 했고, 석 달 후
다시 나타나 이런 질문을 받았다, 남북 전쟁에서
승리한 장군이 누구지요? 그의 대답은 이번에도
1492였다. (큰 소리로 하지만 친절하게 답변했다). 다시 집으로 돌아간 그는
세 번째 다시 판사를 찾았다. 세 번째 질문에 대한 대답도
1492였다. 그러자
이 남자가 마음에 들은 판사는 물어보았다,
그가 어떻게 살아가는지, 그리고 어렵게 일하면서 살고 있다는 것을 알게 되었다, 그래서
네 번째 그가 나타났을 때는 이런 질문을 던졌다,
언제
아메리카가 발견되었지요? 1492라고
올바른 대답을 한 사내는 마침내 시민권을 획득했다.

(1942)

어느 독일 어머니가 부르는 노래

내 아들아, 나는 네게 장화와
이 갈색 셔츠[14]를 선물했었지
그때 알았더라면 얼마나 좋았을까, 지금 내가 아는 것을
차라리 내 목을 매달았으면 좋겠구나.

내 아들아, 네 손이
히틀러 식 인사를 하려고 들려지는 것을 보았을 때
나는 몰랐다, 그에게 인사하는
네 손이 말라 죽어갈 것이라는 것을

내 아들아, 나는 네가 행진하는 것을 보았다
히틀러 뒤에서
하지만 그때는 몰랐다, 히틀러와 같이 행진하는 자는
다시는 돌아오지 못하리라는 것을

나는 네가 갈색 셔츠를 입고 있는 것을 보았다
하지만 그것을 만류하지는 못했다
왜냐하면 그때는 내가 몰랐기 때문이다. 지금 내가 아는 것을
그것은 죽음의 셔츠였다.

(1942)

자유와 민주주의[15)]

독일 땅에 봄이 되었다.
잿더미와 무너진 벽 위로
자작나무의 푸른 첫 싹이 시험하듯
세심하고도 대담하게 날아왔을 때

남쪽지방 계곡들로부터
두 개의 낡은 판때기를 든
누추한 유권자의 행렬이
요란스럽게 다가왔다.

글이 새겨진 나무 판은 썩었고
글씨도 심하게 색이 바랬는데
이렇게 쓰인 것 같았다,
자유와 민주주의.

교회마다 종소리가 울려 퍼졌다.
전쟁 과부들, 비행사의 약혼녀들,
고아, 몸을 떠는 병자, 절름발이 -
입을 헤 벌리고 밭둑에 서 있었다.

장님은 귀머거리에게 물었다
먼지 속에 무엇이 지나갔는지,
*자유와 민주주의*를
요구하며 지나간 이들이 누구인지.

우두머리는 앞장서 걸으며
피둥피둥한 목이 터지도록 노래했다.
"가자, 얘들아, 신의 가호가 왕에게[16],
그리고 달러에게, 딸랑, 딸랑, 딸랑."

다음으로 수도복 차림의 두 사람이
성광을 들고 지나갔다.
수도복 자락이 위로 접혔을 때
긴 장화가 내보였다.

하지만 수건에 새겨진 십자가 끝에
오늘은 갈고리[17] 몇 개가 빠져 있다.
변화하는 시대를 살아가기 때문에
갈고리들이 가려진 것이다.

그 사이로 성스러운 아버지께서 보내신
한 신부가 걸어갔다.
그는 매우 불안해했으며
모두가 알다시피 동쪽을 바라보고 있다.

망각을 모르는 자들이 그 뒤로 바짝 붙어
열을 지어 발을 구르며
그들의 긴 칼[18]을 위해
큰 소리로 귀신들의 밤[19]을 요구한다.

그리고 그들의 후견인들

잽싼 회색 옷의 기업연합 신사들이
군수산업을 옹호하며 외친다,
자유와 민주주의 라고.

알 못 낳는 수탉처럼 생긴
범게르만주의자[20]는 의기양양하게
말의 자유를 주장한다.
그것은 살인이라는 말이다.

교사, 권력숭배자, 두뇌파괴자는
똑같이 발맞춰 행진하며
독일 청소년에게 살육의 미덕을 교육시킬
권리를 옹호하며 나아간다.

이어서 의사 양반들, 인간혐오자이며
나치 봉사자인 그들이 요구한다,
자신들의 실험[21] 대상으로
공산주의자들을 예약해 달라고.

세 명의 학자, 진지하고 수척한
말살의 수용소 설계자들 역시
화학 발전을 옹호하며 요구한다,[22]
*자유와 민주주의*를.

저기 '공격자'[23]의 편집인들은
사람들이 그들의 말을 경청하도록

그리고 이제는 그들을 잊지 않도록
*우리의 언론자유*를 염려하고 있다.

우리의 훌륭한 시민 몇 명, 보이는가
전에는 유대인 교살자로 존중받았지만
이제는 평판이 나빠진 그들이
소수자의 권리를 위해 행진하는 것을.

아리안 족의 히틀러 시대에
대의원이었던 이는
변호사로 등장하여 유능한 자에게
능력발휘의 기회를 마련해준다!

검은 옷의 경영자는 질문에
대답한다. 나는 자유 경쟁을 옹호하며
번영을 향해 (그리고 파멸을 향해)
행진하는 것입니다 라고.

그리고 저기 저 판사는 선동하며
뻔뻔스럽게 과거의 법을 흔든다.
웃으면서 자신과 모든 이들을
이들러 공소의 혐의로부터 면제시킨다.

예술가, 음악가, 위대한 시인들.
월계관과 소시지를 함께 요구하는
그들은 재빨리 괴기를 지워버린

모두 선량한 사람들이다.

채찍이 포장도로 위를 철썩 때린다.
나치 친위대가 돈 때문에 하는 짓이다.
하지만 그들 역시 자유가 필요하다
자유와 민주주의가.

그리고 나치 부인단이 온다,
치마를 높이 접어 올려
그을린 갈색의 장딴지를 내보이며
오래된 적국의 초콜릿을 얻어내려 한다.

스파이, '즐거운 체력단련'[24] 소속 부인네,
동계 구호인[25], 신문기자,
세금-기부금-이자 징수인
독일 세습 영지의 합병인

피와 오물이 한통속으로 어울려
독일의 풍경을 지나갔다.
트림하며, 토하며, 구린내를 풍기며 외쳤다
자유와 민주주의!

악취 가득 풍기며 마침내
이자르 강변에 당도했다
운동의 수도,
독일의 묘석이 놓일 그 도시[26]에.

저질 신문에서 소식을 접한
황망한 시민들이
해골 같은 집들 사이에
굶주린 채 빙 둘러섰다.

그리고 메피티스[27]의 행렬이
판때기를 들고 폐허를 지나갈 때
갈색 집[28]에서 말없이
여섯 사람이 나왔다.

그러자 행렬은 정지했다.
여섯 사람은 몸을 숙여 인사하고
낡은 판때기를 들고 가는 행렬과
한 패가 되었다.

그들은 여섯 대의 멋진 차량을 탔다.
여섯 명의 당원 모두
폐허를 지나면서 함께 소리쳤다.
자유와 민주주의.

앙상한 손으로 채찍 손잡이를 쥔
*억압*이 나아갔다.
그가 탄 철갑 차는
산업체에서 바친 선물이었다.

녹슨 탱크 속에서 그게 환영 받으며

*문둥병*이 달렸다. 그는 아파 보였다.
부끄러웠는지 바람이 불자
갈색 넥타이를 턱까지 잡아당겼다.

그의 뒤에 *기만*이 따랐는데
무료시음 맥주가 든 거대한 술통이
흔들거렸다. 그것을 마시려면
너희 자식들을 그에게 팔아야 한다.

산악처럼 늙은, 그럼에도
언제나 사업을 경영하는 *우둔함*이
행렬 속에서 함께 이동하며
*기만*으로부터 눈을 떼지 않았다.

차량 선반 위에서 팔로 매달린 채
*살인*이 앞서 나아갔다.
그 짐승은 느긋하게 몸을 뻗고
노래 불렀다, '자유의 달콤한 꿈이여.'

그리고 마지막 차량에는
육군 원수의 융커[29] 제복을 입은
*약탈*이 타고 갔다.
무릎 위에는 지구본이 있었다.

하지만 위대한 여섯 명,
장기집권하며 무자비했던

그들 모두가 이제는 요구하고 있다
자유와 민주주의를.

여섯 골칫덩어리들 뒤에
거대한 장의차가 덜컥거리며 달렸다.
제대로 보이진 않았지만 안에
누워있는 것은 미지의 종족이었다.

폐허에서 불어온 한 줄기 바람은
여기 이 집들 속에 오래 전부터
죽치고 있던 것들에게
진혼곡을 불러주었다. 커다란 쥐들이

뒤엎어진 골목길을 잽싸게 빠져나와
군중에 섞여 이 행렬을 따랐다.
자유여 만세, 쥐들은 찍찍거리며 외쳤다,
민주주의의 자유를.

(1948)

친구들

전쟁은, 나 희곡작가를
내 친구 무대설치가로부터 떼어 놓았다.
우리가 같이 일했던 도시들은 더 이상 존재하지 않는다.
내가 아직 존재하는 도시들을 걸어갈 때
나는 가끔씩 말하곤 한다. 저기 있는 저 푸른 색 빨래를
내 친구라면 훨씬 더 잘 걸었을 텐데.

(1948)

깨달음

내가 돌아왔을 때
아직 내 머리는 세지 않았다
그래 나는 기뻤다.

산맥을 넘는 노력은 이미 지나 갔다
이제 우리 앞에 놓여 있는 것은 평원에서의 노력이다.

(1949)

차나무뿌리로 만든 중국 사자상

악한 자들은 너의 발톱을 두려워한다
선한 자들은 너의 우아함에 기뻐한다.
내 시에 대해
이런 말들을 하는 것을
나는 듣기 좋아했다.

(1951)

국민의 빵

정의는 국민이 먹는 빵이다.
넉넉할 때도 모자랄 때도 있다.
맛이 좋을 때도, 맛이 형편없을 때도 있다.
빵이 모자라면, 굶주림이 창궐한다.
빵 맛이 형편없으면, 불만이 지배한다.

잘못된 정의는 버려라!
애정 없이 구워진, 잘 알지도 못하면서 반죽된 정의도 가라!
양념이 쳐지지 않아 껍질이 회색이 되어버린 정의도 가라!
너무 오래 굽다 시간을 못 맞춘 정의도 가라!

빵이 맛있고 충분하면
다른 음식들은 좀 모자라도 참을 수 있다.
모든 것이 동시에 풍족해질 수는 없는 법이다.
정의의 빵을 먹고 자란다면
노동이 잘 이루어질 것이며
이를 통해 우리 삶은 풍족해질 것이다.

매일 빵이 필요하듯이
매일 정의도 필요하다
하루 낮 동안에도 여러 번 필요하다

아침부터 저녁 늦게까지, 일할 때나, 즐길 때나 필요하다.
노동을 해도 즐겁게 할 수 있다.

힘든 시간이나 즐거운 시간이나
국민들은 충분하고, 몸에 좋은
정의의 빵이 매일 필요하다.

그래서 정의의 빵은 그렇게 중요하다
그렇다면 친구여 누가 그 빵을 구워야 할까?

다른 빵은 누가 구워야 할까?

다른 빵처럼
정의의 빵도
국민에 의해 구워져야 한다.

충분하게, 몸에 좋게, 매일 매일.

(1953)

베이징의 비디

비디[30]는 베이징에
비는[31] 알고이에
좋은, 하고 그가 말하면
아침, 하고 그녀가 답하지요.

(1953)

아, 어떻게 우리가 이 작은 장미를 기록할 수 있을 것인가

아, 어떻게 우리가 이 작은 장미[32]를 기록할 수 있을 것인가
갑자기 우리 앞에 나타난 검붉은 색깔의 이 어린 장미를
아, 우리가 장미를 찾아온 것은 아니었지만
우리가 왔을 때, 장미는 이미 거기에 피어 있었다.

장미가 그곳에 피어 있기 전에는 아무도 장미를 기대하지 않았다
장미가 그곳에 피었을 때는 아무도 장미임을 믿으려 하지 않았다
아, 출발도 한 적 없는데 목적지에 도착했구나
하지만 모든 일이 워낙 이렇지 않았던가?

(1954)

힘들었던 시대의 연가

우리는 사귀지는 않았었다
그래도 우리는 같이 잤다.
우리가 서로의 팔에 안겼던 그 때
우리는 달보다도 더 먼 사이였다.

오늘 우리가 시장에서 만난다면
아마 생선 몇 마리를 서로 갖겠다고 싸울 것이다:
우리는 사귀지는 않았었다
우리가 서로의 팔에 안겼을 때.

(1954)

나를 즐겁게 하는 것들

아침 막 일어나 창 밖 내다보기
다시 찾은 오래된 책
감격한 얼굴들
눈, 계절의 바뀜
신문
강아지
변증법
샤워, 수영
오래된 음악
편한 신발
깨우치기
새로운 음악
글쓰기, 나무심기
여행하기
노래하기
친절하기

(1954)

샤리테 병원의 하얀 병실에서

샤리테 병원[33]의 하얀 병실에서
아침에 깨어나
지빠귀 새 소리를 들었을 때, 나는 보다 잘
알게 되었다. 아주 오래전부터
내가 죽음에 대해 두려워하지 않았다는 것을, 내겐
사라져서 안 될 것이 없다. 물론
나까지 포함해서다. 이제
나는 즐길 수 있게 되었다
내가 죽은 후에도 울릴 지빠귀 새의 소리까지도.

(1956)

생성사/작품해설

스벤보르 시집

■ 생성사

히틀러의 침공으로 불안한 정세를 느낀 브레히트는 독일을 떠나 북구의 여러 나라를 떠돌던 중, 1937년 덴마크의 스벤보르에 머물며 망명 시집을 준비하는데, 이 과정에서 이 시집이 탄생하였다. 망명 중에 쓴 시들은 원래 런던의 말릭 출판사에서 기획한 네 권으로 된 브레히트 전집에 실릴 예정이었으나, 이 전집 자체가 알 수 없는 이유로 세권으로 축소되었다. 첫 두 권에는 희곡이, 나머지 마지막 권에는 시들이 실렸는데, 1939년 프라하에서 인쇄된 세 번째 권에 『스벤보르 시집』이 출간되었다.

생성사를 염두에 둘 경우, 이 시집이 망명 중에 쓴 시들의 모음집 성격을 지녔을 것으로 추측되는데, 늦어도 1938년에는 시집의 제목이 『스벤보르 시집』으로 확정된 것으로 보인다. 이 시집에 실린 시들은 대체로 1936-37년 사이에 쓰였지만, 일부 시들은 1934년에 쓰이기도 했고(「동요 Kinderlieder」) 또 어떤 것들은 그 이전으로 소급되기도 한다.(「마이크를 위한 석탄 Kohlen für Mike」(1926), 「쿠얀 불락의 양탄자 직조공들은 레닌을 존경한다 Die Teppichweber von Kujan-Bulak ehren Lenin」(1929))

조판본 1000부가 모두 팔렸다는 사실에서 이 시집의 성공을 가늠할 수 있는데, 그 배경에는 히틀러의 전쟁이 유럽 전역으로 퍼지던 당시 스위스, 영국, 미국 그리고 아르헨티나 등으로 흩어진 독일인들의 관심이

자리 잡고 있었던 것으로 보인다. 이 시집의 판매를 담당했던 비일란트 헤르츠펠데는 1939년에 볼가강변에 거주하던 독일인들에게 판매하기 위해 이 시집의 재판을 출간할 계획을 세운 것으로 알려져 있다. 서평을 요청하기 위해 이 시집이 1938년에 발터 벤야민에게 건네졌는데, 이 비평가는 이 시집에서 정치적인 시들과 사적인 시들이 절묘하게 조화를 이루고 있다는 사실을 매우 긍정적으로 평가하기도 했다. 벤야민이 받은 이러한 인상은 브레히트 문학의 전반적인 특징과 관련되기도 하는데, 정치적인 것과 사적인 것의 조화는 단지 이 시집뿐만 아니라, 『부코 비가』를 포함한 이 시인의 전 생애에 걸친 시들 모두에 적용된다고 보아야 한다. 이 시집의 백미는 '독일 풍자시'에 실린 풍자시들이다. 이 시들은 짙은 해학을 통해 히틀러의 본질이 권위주의와 자본주의의 산물임을 잘 보여준다.

■ 작품해설

히틀러의 파시즘과의 투쟁이라는 브레히트의 망명체험이 잘 담겨 있는 이 시집은 1920년대 후반에 썼던 『도시인을 위한 독본』과 같은 실험시들과 1950년대 탁월한 서정과 현실묘사가 균형을 이루는 『부코 비가』를 연결하는 과도기적 시들로, 브레히트의 시의 변화를 이해하는 데에 매우 중요한 작품들을 담고 있다. 형식상으로 이 시집은 모두 6부로 구성되어 있고, 홀수의 번호가 붙은 1부와 3부 그리고 5부에는 각각 '독일 전쟁교본 Deutsche Kriegsfibel', '연대기 Chriniken' 그리고 '독일 풍자시 Deutsche Satiren'와 같은 제목이 붙어 있다.

'교본'이라는 단어가 의미하듯이, 이 시집은 히틀러의 전쟁과 파시즘의 본질에 관하여 독일의 독자들을 가르치겠다는 교육용 의도가 강하고, 이 시집의 모토에 "조심스럽게 사용하라"라는 표현도 이런 맥락과 관련이 있을 것으로 추측된다. 이 시집이 원래 각각의 부마다 학습서에서 자주 볼 수 있는 "과 Lektion"라는 명칭을 사용한 이유도 여기에 있을 것이다. 이 시집이 전하고자 하는 가르침은 히틀러의 파시즘이 기본적으로 위기에 봉착한 자본주의의 말기적 현상이며, 히틀러의 전쟁은 곧 끝날 것이라는 점이다. 시를 쓰게 된 배경에서 확연하게 드러나듯이, 이 시집의 시들은 1부에서 히틀러가 벌이는 전쟁과 3부에서 자본주의의 본질 사이의 연관성을 매우 농도 짙게 보여준다.

히틀러와 자본주의의 관계에 대한 이러한 통찰은 당시 표현주의 논쟁에서 루카치의 세계관 및 창작 방법과의 차이점을 이해하는 데에도 많은 시사점을 준다. 시민사회의 문화적 유산을 광범위하게 수용할 것을 주장한 루카치와는 달리, 브레히트는 히틀러의 본질이 자본가의 이익을 관철하기 위한 야만이고 따라서 이것을 극복하기 위해서는 노동계급의 통일전선이 필요하며, 이런 맥락에서 표현주의와 같은 실험적 문학 형식을 적극 활용해야 한다고 보았다. 『스벤보르 시집』에 실린 시들의 실험성도 이와 같은 맥락에서 설명할 수 있다.

슈테핀 시편

■ 생성사

마가레테 슈테핀 Margarete Steffin과 브레히트는 1931년 말에 연극『어머니 Die Mutter』의 초연을 위한 리허설 중에 서로 알게 되었다. 슈테핀은 이 극에서 하녀의 역을 맡고 있었다. 1932년 1월부터 두 사람은 우정과 애정이 바탕이 된 긴밀한 관계를 맺게 된다. 슈테핀은 1933년부터는 브레히트의 수많은 공동작업자들 가운데 가장 중요한 인물 중의 하나로 자리잡는다. 그녀는 망명 초기 덴마크에서는 이따금씩 브레히트의 집에 머물며 공동 작업을 했으나, 그 후 스웨덴과 핀란드에서는 브레히트의 가족과 함께 살다시피 했다. 슈테핀은 독자적으로 자신의 시작품들도 쓰고 번역작업도 하면서, 브레히트의 수많은 작품들의 생성에 직·간접적으로 참여했다. 브레히트의 많은 시의 필사본들과『서푼짜리 소설 Dreigroschenroman』같은 작품이 거의 대부분 그녀가 손수 타이프 작업을 해 놓은 원고들이 있었기 때문에 후세에 전해질 수 있었다.

슈테핀은 1939/40년경에 브레히트가 쓴 개별 시들을 한데 모아 1940년에 한 권의 필사본 Abschrift으로 엮는다. 그 후 같은 해에는 청서본 Reinschrift이 생성되는데,『브레히트. 시 Brecht. Gedichte』라는 표제와 함께, 모토가 추가되었다. 브레히트는 슈테핀이 죽은 후인 1941년 6월에 이 중 한 부에『슈테핀 시편 Steffin'sche Sammlung』이라고 부기를 하며, 다른 것들에는 따로 종이를 덧붙여서 표제와 함께 주석을 붙인다. 그리고 육필로 ‘『슈테핀 시편』의 시작품들’이라고 보충해서 덧붙인다. 따라서 슈테핀이 엮은 판본이라는 점에 대해 별 의심의 여지가 없는 이 청서본은 12개의 페이지로 이루어져 있고, 「1938년 봄」과 「1940년」이라는 제목으로 엮인 두 개의 장과 더불어 8편의 개별 시들이 함께 수록되어 있다.

브레히트는 미국 망명 중인 1942년에 이 시집의 새로운 판본을 만든다. 『브레히트 시』라는 제목과 모토는 동일하지만, 앞의 판본과는 달리, 8편의 개별 시들 중에서 일곱 편이 ‘핀란드의 에피그람 Finnische Epigramme’이라는 제목의 장에 함께 편성되었다. 남은 한 편의 시 「핀란드의 풍경 Finnische Landschaft」은 ‘소네트’라는 제목의 새로운 장에 유일하게 자리하게 된다. 그리고 이에 덧붙여 ‘연대기 Aus den Chroniken’와 ‘계시록 Aus den Visionen’이라는 이름의 장들이 새로이 수록된다. 그 해에 그는 이 시집, 특히 ‘핀란드의 에피그람’을 구성하는 시들을 작곡하고 있던 한스 아이슬러와 공동으로 새 판본을 수정, 보완하는 작업을 했다. 미국 체류 중에 이 새 판본을 시집으로 출판하려던 브레히트의 시도는 결국 성공을 거두지 못했다. 그 대신에 그는, 일종의 대용품으로서, 젤라틴판 복사본을 대량 제작했고, 그것들을 친구들에게 발송했다.

1948년 동독 귀환 이후에 브레히트는 『망명기의 시작품들 Gedichte im Exil』 (Aufbau-Verlag, Berlin)이라는 표제로 자신의 망명시집의 출간을 계획했고, 이 시집을 1부: 1933-1934. 노래 시 합창 Lieder, Gedichte, Chöre, 2부: 1935-1939. 스벤보르 시집 Svendborger Gedichte, 그리고 마무리하는 장으로서 3부: 1940. 슈테핀 시편 Steffinsche Sammlung, 이렇게 세 부분으로 구성했다. 그리고 이러한 목적을 이루기 위해서 『슈테핀 시편』도 다시 엮는 작업을 했으나, 이 『망명기의 시작품들』이라는 표제의 망명시집의 인쇄와 출판은 실현되지 못했다.

■ 작품해설

『슈테핀 시편』은 1938-1940년 사이의 브레히트의 삶에 바탕을 두고 있다. 그런데 그 삶의 이력은 당대의 정치적인 사건들, 그 중에서도 특히 전쟁(제2차 세계대전)과 밀접히 관련되어 있다. 그 시기 동안 전쟁은 위협으로 다가오다가 결국은 현실이 되고 만다. 브레히트는 이 시편의 많은 시를 짤막한 길이로 썼으며, 거개가 정치적인 동인들이나 전쟁을 야기하는 원인들로 인해 생성된 '기회시 Gelegenheitsgedichte'의 성격을 갖고 있다.

브레히트는 '핀란드의 에피그람'과 관련해서 장르의 선택이 발휘하는 효과에 대해 언급한 적이 있다. 이를테면, 시인이 에피그람을 선택한다면, 시를 통해서 어떻게 해서든 서정적인 효과를 불러일으켜야한다는 의무감에서 자유로울 수 있다는 것이다. 브레히트에 따르면, 에피그람은 전체적으로 서정시에 비해 단어선택이 더 손쉬울 수도 있어서, 단어들 상호간의 긴장감도 부족해 보이고 표현도 역시 다소간 도식적인 것으로 보일 수 있는데, 그 이유는 에피그람 속에는 '서정적인 것' 뿐만 아니라 '위트 das Witzige와 같은 독특한 것'이 들어 있기 때문이다. 결국 브레히트가 에피그람이라는 장르형식으로 쓴 이 시들은, 점점 더 그 징후가 뚜렷해지다가 마침내는 현실로 다가온 끔찍한 사건, 즉 전쟁을 언어적으로 명확하게 포착하고자 하는 시도의 소산이다. 사고의 과정을 가능한 최대로 농축하지만, 서정적인 정취와 언어적 마력을 불러일으키는 것은 목표가 아니다. 브레히트에 의하면, 이 시들을 쓴 시인은 그 어떤 다른 존재의 이야기를 대신하는 것이 아니다. 그저 자기 자신의 이야기를 하고 있을 뿐이다.

'계시록'은 앞의 시들과 사정이 다르다. 1941년에 쓴 「전쟁의 신 Der Kriegsgott」을 제외한 나머지 시들은 모두 전쟁 이전인 1938/1939년 초에 생성되었으면서도 "계시적으로" 전쟁을 예견하고 있다. 얼핏 당연해 보일 수 있겠지만, 브레히트는 이 시들을 쓰기 위해 여러 상이한 신화 속의 형상들과 관념들, 그 중에서도 특히 기독교 계시록의 형상과 관념들을 다시 사용한다. 그리고 그에 상응해서 산문시의 형식을 선택하고, 낭만주의적인 표현방식을 인용한다. 시 속에 구사된 수많은 연극적 은유들을 통해서도 알 수 있듯이, 이는 모두가 히틀러 파시즘 시대의 그 공허하고 거짓된 열정을 생생하게 드러내 보여주기 위한 수단이다.

'연대기'라는 명칭의 장에 수록되어 있는 「루우스카넨의 말 Das Pferd des Ruuskanen」은 1941년 초에 생성되었다. 이 시는 브레히트 시에 사용된 연대기 Chronik 장르의 계보를 잇는다고 할 수 있다. 즉 시기적으로 거슬러 올라가 『스벤보르 시집』의 연대기들과 이어지면서, 다시 또 초기의 『가정기도서 Hauspostille』에 수록된, 유형이 다른 연대기들과도 연결이 된다.

한스 아이슬러는 1942년에, '계시록'과 '연대기'를 제외한, 시집의 거의 모든 시들에 곡을 붙인다. 아이슬러는 작곡 작업을 하면서 부분적으로는 시의 제목을 바꾸기도 했고, 부분적으로는 텍스트를 새롭게 다듬기도 했는데, 이는 철두철미 1942년이라는 그해의 현실에 들어맞게 시를 살려내려는 의도 아래 이뤄진 작업이었다. 이렇게 해서 완성된 곡들은 브레히트 시에 곡을 붙인 다른 작품들과 함께, 1942/43년에 펴낸 『할리우드 가요집 Hollywooder Liederbuch』의 광범위한 첫 번째 장으로 자리잡게 된다. 아이슬러가 『핀란드 시들 Finnische Gedichte』 모두를 다 작곡하고 난 후에 브레히트는 이렇게 기록했다. "아이슬러는 많은 시간을 시 작품들에 몰두한 사람이 어떻게 그 시들을 자기의 것으로 만드는지를 보여주었다. 나의 시작품들에서 그의 작곡은 나의 극작품들에서의 공연과 같은 것, 즉 테스트(der Test)이다." 브레히트에 의하면, 아이슬러는 아주 정확히게 시를 읽었고, 그를 토대로 수정에 대한 제안들을 했다. 그리고 브레히트는 『일지』에 표시한 아이슬러의 제안들을 1942년의 새 판본을 만들면서 거의 다 수용했다.

『슈테핀 시편』은 브레히트의 생존 시에 출판이 되지 못했기에 공식인 반응들도 없었고, 개인적이거나 서면으로 된 의견들도 찾아볼 수 없다. 방명자들에게 복사본 시집이 배포되었으니 분명 널리 알려졌을 것이라는 점을 추정해볼 수는 있다. 아이슬러는 친지들과의 모임에서 그가 작곡한 작품들을 연주하곤 했고, 이러한 작업들도 역시 시집에 수록된 시작품들을 널리 알리는 데 기여했다.

할리우드 비가

■ 생성사

아직까지 이 연작시집의 생성사와 규모는 정확하게 밝혀지지는 않았다. 20권으로 된 브레히트의 <구전집>에 실린 이 시집에는 단지 6편의 시들만 존재하지만 <신전집>에는 세 편이 더 추가되어 모두 9편이 채록되어 있다. 디터 틸레 Dieter Thiele는『할리우드 비가』의 시들이 주로 미국망명 시절인 1942년 8월과 9월 사이에 쓰였다고 주장한다.『일지』의 기록을 참조할 경우, 이러한 주장은 상당히 신뢰할 만한데, 브레히트는 1942년 9월 20일 이 시들을 한스 빙에 Hans Winge에게 읽어달라며 건넸다는 기록이 있기 때문이다. 이해 8월 12일 더 나은 작업실을 확보하기 위해 브레히트가 산타모니카에서 새로운 집을 구해 입주하면서, 넓은 정원에서의 여유로움과 이런 분위기에서 문학의 모범으로 삼았던 고대 시인 루크레츠를 다시 읽게 되었다는 만족감을 표시한 것으로 보아, 이 시집의 생성사와 관련된 디터 틸레의 주장은 신뢰받을 만하다.

한스 아이슬러는 브레히트의 핀란드 망명시절의 시들과 할리우드에서 쓴 시들에 곡을 붙여서 1942년 5월과 1943년 12월 사이에『할리우드 가곡집』을 냈다.

■ 작품해설

브레히트의 시에서 비가는 형식이 아니라 내용상으로 이해되는 경우가 많은데, 『할리우드 비가』도 예외는 아니다. 잘 알려져 있듯이 비가에 관한 쉴러의 정의, "작가가 자연을 예술에, 이상을 현실에 대조해서, 전자의 서술이 압도하고, 전자에게서 얻는 기쁨이 지배적인 감정이 될 경우, 나는 이를 비가적이라 부른다"라는 말은 브레히트의 이 시집을 이해하는 데에도 잘 적용된다. 쉴러의 정의가 이상과 현실 사이의 거리감을 염두에 두고 있듯이, 브레히트 역시 인간이 서로를 돕는 이상적인 사회와 인간이 인간을 착취하는 현실 사이의 거리감을 이 시집에서 표현하려 한 것이다. 따라서 『할리우드 비가』는 망명을 떠난 브레히트가 1941년 북유럽을 거쳐 미국 로스앤젤레스에 정착하면서, 그곳에서 느낀 미국 자본주의의 삭막함 혹은 비인간성을 고발하기 위해 쓴 시들이라는 사실은 명확하다.

이와 관련하여 미국 망명지에서 브레히트와 자주 만나 호흡을 맞춘 한스 아이슬러의 다음과 같은 지적이 흥미롭다.

> 이 우울한 영원한 봄날 할리우드에서 나는, 우리가 미국에서 다시 만난 직후, 브레히트에게 '이곳은 비가를 써야 할 가장 훌륭한 곳이다'라고 말했어요. 내가 제일 좋아하는 작품이기도 하고, 또 브레히트도 매우 경탄한 바 있던 괴테의 '로마의 비가'도 있지 않습니까. 나는 이렇게 말했어요. '우리는 여기에서 뭔가를 해내야 해요. 할리우드에서 산다는 것은 벌 받는 것이나 다름없으니까요. 그래서 브레히트도 그렇게 하겠다고 약속하며 내게 여덟 편으로 기억되는 할리우드 비가를 건넸습니다. (한스 빙에와의 대담에서 한스 아이슬러가 밝힌 내용)

유사한 대목이 『일지』에도 나온다. 브레히트는 이렇게 썼다.

> 이것들은(할리우드 비가) 내가 아이슬러를 위해 써준 것이다. 빙에는 이렇게 말한다. '이것들은 마치 화성에서 쓰여진 것 같습니다.' 이 '거리감'이 글 쓴 사람의 고유한 것이 아니라, 이 도시로 인해 생긴 것이라는 데 우리는 의견이 일치한다. 이 도시 주민들은 거의 모두 거리감을 지니고 있다. 이 집들은 거주에 의해서가 아니라 수표에 의해서 소유물이 된다. 소유자가 직접 거주하는 경우가 많지 않기 때문에 집들을 쉽게 잘 처분한다. 집은 차고의 부속건물일 뿐이다.

물질에 사로잡혀 인간적인 면을 잃어가는 미국인들을 보면서, 브레히트는 그 원인으로 자본주의의 본질을 느꼈고, 이러한 내용이 이 시집의 중심 주제를 이룬다. 좋은 예가 다음과 같은 시에서 나타난다.

> 로스앤젤레스의 천사들은
> 미소 짓느라 지쳐 있다. 저녁이면
> 그들은 과일가게 뒤편에서
> 절망한 채 최음제 향기가 든
> 작은 병을 판다.

흥미와 흥행위주의 미국식 영화의 본고장 할리우드를 염두에 둘 경우 로스앤젤레스의 천사들이란 영화배우를 가리킨다고 볼 수 있지만, 영어로 이 도시 이름의 일부인 '앤젤레스'가 천사를 가리킨다는 점을 고려하면, 이 시에서 천사는 이 도시의 시민 혹은 미국의 국민 전체를 가리키는 환유로 볼 수 있다. 이들이 낮에는 '미소에 지쳐있다'라는 말은 다소 모순적인데, 그 배후에는 자신의 상품성을 높이기 위해 친절과 웃음을 강요받는 미국인의 고단한 삶의 방식을 드러내려는 작가의 의도가 있다. 미소를 강요받는 이들의 삶은 밤에도 행복으로 이어지지 않는다. 하루 일과가 끝난 후에 집에서 편히 쉴 수 있는 것이 아니다. 이들은 하루의 일과가 끝난 후에도 여전히 '최음제 향기가 든/ 작은 병을 판다.'고 되어 있기 때문이다. 여기에서 자본주의 사회의 소외된 노동, 비인간적인 삶의 형태가 잘 드러난다. 한스 아이슬러는 이 시집의 시들을 브레히트의 시 가운데 자신이 가장 좋아하는 시로 꼽은 바 있다.

전쟁교본

■ 생성사

69장의 사진과 69편의 4행시들로 이루어진 브레히트의 사진시집 『전쟁교본 Kriegsfibel』은 그가 세상을 떠나기 1년 전인 1955년 가을 동베를린의 오일렌슈피겔 출판사에서 출간된다. 하지만 사진에 관한 브레히트의 관심은 1920년대 중반에 이미 시작되었다. 그 실례로 브레히트 자료보관소에는 그가 20년대 중반 미국을 소재로 일련의 희곡을 준비하면서 수집한 미국 관련 사진들이 많이 남아있다. 브레히트의 사진 수집은 망명기간 동안에도 계속되어 그가 상대적으로 안정된 망명기를 보낼 수 있었던 덴마크와 미국에서 『라이프 Life』지 등의 사진잡지에서 사진들을 스크랩한다. 또한 브레히트는 사진이라는 전달매체의 속성을 일찍이 간파한 벤야민이나, 이를 극복하기 위해 합성사진 실험으로 유명했던 존 허트필트 등을 통해 이미 사진의 문제점에 대해서도 파악하고 있었다. 사진과 함께 쌍을 이루는 4행시 에피그람 역시 오랫동안 브레히트의 관심사였다. 브레히트는 1920년 이미 베를린의 프로필렌 출판사에서 출간된 『그리스 에피그람 신집』을 통해 에피그람 시 형식에 관심을 갖게 되었으며, 그 후 교육적인 의미를 갖는 에피그람은 늘 그가 선호하던 시 형식이었다.

사진과 에피그람에 대한 관심이 실천적인 사진시집을 통해 서로 만나게 된 것은 1940년으로서, 이해 8월 사진과 4행시가 결합된 두 편의 사진시가 처음 제작된다. 그리고 이러한 작업은 계속되어 사진과 관련된 것으로 추정되는 여러 편의 4행시들이 쓰이며 1944년 뉴욕의 『오스트로-아메리칸 트리뷴』지에 처음으로 사진시 3편이 발표된다. 그리고 같은 해 말 브레히트와 그의 연인이자 동료인 루트 베를라우는 약 70편의 사진시들을 한 권의 시집으로 묶는 작업을 시작하나, 망명지 미국에서 이 시집이 출간될 수는 없었다.

동독으로 돌아온 후 1949년 브레히트는 베를라우에게 이 시집의 출판을 다시 맡긴다. 같은 해 말 브레히트는 원고를 '출판문화 고문단'에게 출판심사를 위해 제출하나, 고문단은 이 시집이 평화주의적인 경향이 강하다는 이유로 부정적인 판결을 내린다. 또한 이 밖에도 이 시집에 대한 비판과 오해가 생기자 브레히트는 이를 해소하기 위해 시집 뒤에 주석을 덧붙이며, 이후 이 시집은 수록작품 등에 대한 수정을 거치는 등의 우여곡절을 겪고, 베를라우의 서문을 붙여 1955년 출간된다.

■ 작품해설

출판 당시 이 시집은 겉표지부터 사진으로 되어있었으며, 표지의 흑백 사진은 추위와 굶주림에 지치고 부상당한 군인들의 모습을 보여주고 있다(본문 61번 시의 사진 참조). 그리고 이어 베를라우의 회상과 서문이 수록되어 있다.

> 이 덴마크의 초가지붕 밑에서 [...] 나는 자주 그 [=브레히트]가 손에 가위와 풀을 들고 있는 것을 보았다. 우리가 지금 여기서 보고 있는 것은 이 작가의 '가위질'에서 얻은 결과이다. 그것은 전쟁에 대한 사진들이다. [...] '우리의 아이들'인 민중과의 한결같은 연대심 속에서 브레히트는 이 저널을 통해 괴이하고 소름끼치는 시간을 보여주고 있다. 한 위대한 독일 작가가 자신의 민족이

길을 잘못 들었었다는 점에 대해 놀라워하고 부끄러워하고 있다. 그러나 또한 부탁하고 있다. "그들을 따뜻하게 해주십시오, 그들은 추워하고 있습니다."

과거를 잊는 사람은 그 과거로부터 벗어나지 못합니다. 이 책은 사진을 해독하는 기술을 가르치려 합니다. 그 이유는 훈련받지 못한 사람들에게는 사진 해독이 상형문자를 해독하는 것과 마찬가지로 어렵기 때문입니다. 자본주의가 세심하면서도 야비한 방법으로 유지시키고 있는 사회의 연관관계에 대해 사람들은 너무도 모르고 있습니다. 그리고 이러한 무지로 인해 잡지에 실리는 수천 장의 사진은 그야말로 상형문자로 그려진 그림들이 되어 아무것도 모르는 독자들에게는 해독 불가능한 것이 되고 있습니다.

이 서문에 이어 『전쟁교본』은 히틀러가 연설하는 모습을 담은 사진에서 시작해, 67편의 사진시를 수록한 후, 다시 히틀러가 연설하는 시로 끝을 맺는다.

1. 사진매체의 기능전환: 사진과 문자텍스트의 변증법적 결합

브레히트는 음반시집에서 그랬던 것처럼, 이 사진시집에서도 당대의 첨단매체인 사진을 교육적인 목적, 즉 수용자의 능동적인 학습을 위해 그 기능을 전환시킨다. 이처럼 수용자를 소비자가 아닌 생산자로 만들기 위해 브레히트가 시도했던 것이 <문학장치/매체의 기능전환>이었다. 브레히트는 생산장치의 기능전환을 통해 예술이 수용자들의 활성화, 즉 그들의 주체적이고 생산적인 수용에 기여할 수 있기를 원했던 것이다. 그러므로 이 생산장치의 기능전환이 궁극적으로 추구한 것은 문학을 하나의 <학습의 장>으로 만드는 데 있다. 이러한 목적으로 이 사진시집에서 채택한 방식이 사진과 문자텍스트의 변증법적 결합이었다.

수록된 사진들은 대부분 사진기자의 설명이 붙어있다. 그러므로 독자들은 사진과 함께 그 해설을 먼저 보게 되며, 그 후 작가가 사진에 붙인 4행시를 보게 된다. 여기서 브레히트의 4행시는 사진기자의 사진 해석과 대척점에 놓여 있다. 같은 사진을 보면서도 브레히트는 다른 관점에서 사진을 보고 그 관람 결과를 4행시로 적어 넣은 것이다. 이를 통해 독자들은 적어도 상반되는 두 가지 관점에서 사진을 보고/읽게 되며, 이를 통해 "현실을 있는 그대로 보여준다는" 사진이 사실은 매우 여러 가지 관점을 매개해주고 있으며, 또한 자기 자신도 사진작가나 시인과 달리 사진을 보고/읽을 수 있다는 생각을 하게 된다. 이런 변증법적 순환을 통해 한 장의 사진은 역사적 사실(제 2차 세계대전)에 대한 독자들의 주체적 학습에 사용되게 된다. (브레히트는 시의 사용가치를 매우 높게 평가한다)

2. 연대기적 서술원칙과 민중적 시각

『전쟁교본』은 12년간 지속되었던 히틀러 시대에 대한 연대기이다. 이제 2차 세계대전의 연대기를 쓰는 작가의 시각은 철저하게 민중적/계급적이다. 시집을 열면 독자들은 그 첫 사진시에서 마이크를 여러 개 앞에 놓고 두 팔을 벌리며 열변을 토하는 히틀러의 사진을 만나게 된다. 그리고 작가가 독자들에게 "제군들도 같이 가겠는가"라는 외침에 따라 독자들은 12년의 시간여행을 시작한다. 첫 번째 시가 다루는 히틀러의 집권에서 시작하여 (1번) 군비확충등을 통한 전쟁 준비 (2번), 스페인 내란 (3,4번) 전쟁의 발발과 확산 (폴란드 침공: 5번, 노르웨이 침공: 6,7번, 폴란드, 벨기에, 프랑스 침공: 8-14번, 영국공습: 15-21번), 전세의 역전 (독일 공습: 22번, 전쟁의 책임자들 23-32번), 러시아 침공 (33-34), 아프리카 전투 (35-38), 처칠 (39), 태평양 전쟁 (39-47), 이스라엘 (48), 유럽에 진주한 미군 (49-53), 소련 전선에서 패한 독일 (54-58)등을 거쳐 59번시에서 부터는 전쟁의 종결을 다룬다. 특히 65번의 사진시에서는 두 번째 시에서 처음 언급된 독일 민중들의 모순된 행위가 어떠한 결과를 초래했는지를 보여준다. 이 사진시는 완전히 파괴된 독일의 어느 도시의 모습을 보여주고 있다. 그리고 그 폐허 속에 살아남은 자는 독자들에게 그 독일의 도시가 "우리가 파괴한 그 많은 도시 중/ 단지 일부분인 우리의 도시들"일 뿐이라고 일갈한다. 그리고 마지막 69번 사진시는 첫 시에서처럼 다시 연설하는 히틀러의 모습을 보여주면서 시속의 화자는 독자들에게 "하지만 난/ 자네들이 아직 축배를 안 들었으면 좋겠어/ 저것이 기어 나온 그 자궁이 아직도 생산능력이 있기에" 라고 경고하면서 나치스가 독일에서 청산된 것이 아니라 사회 곳곳에 잔존하고 있음을 알리고 있다.

『전쟁교본』에 수록된 모든 사진시들은 공통적으로 검은색 면과 흰색 면의 대립구조로 이루어져 있다. 이러한 흑백의 대립은 곧 전쟁과 평화의 대립을 의미한다. 브레히트는 자신의 사진시들이 독자들에게 사진을 읽는 방법을 학습할 기회를 제공함으로써, 어두운 흑색(전쟁)의 진실이 밝혀지고, 시집 속 흑-백 대립이 궁극적으로 현실 속에서 해소되기를 바라는 마음으로 사진을 모으고 사행시를 써나갔다. 그리고 그 "가위질"의 결과가 바로 이 사진시집인 것이다. 브레히트는 『전쟁교본』의 후속작업으로 『평화교본』을 계획했으나, 이 작업을 위한 시간이 그에게는 아쉽게도 주어지지 않았다.

부코 비가

■ 생성사

주르캄프 출판사의 편집자인 페터 주르캄프에게 보낸 1953년 11월 편지에서 이 작가는 개인적으로 읽어볼 것을 권하며 "부코 비가" 몇 편을 건넸다는 기록으로 보아서, 이 시집의 시들은 그 이전, 주로 이 해 7월과 8월에 주로 쓰였을 것으로 추측된다. 이러한 시기상의 일치점 외에도 시에서 주로 드러나는 신랄한 비판과 풍자 그리고 새로운 국가 건선을 염두에 둔 섬세한 표현들을 고려할 때, 1953년 6월 동베를린에서 벌어진 노동자 시위가 이 시들을 쓰게 한 계기라는 사실은 분명해 보인다. 브레히트는 주르캄프에게 건넨 시들 가운데 6편을 『의미와 형식 Sinn und Form』이라는 잡지에 투고하였고, 이듬해 초 『시도 Versuche』 13권에 『부코 비가』라는 이름으로 이 시집을 정식으로 발표하였다. 이어 같은 해 후반에 이 시집에 실린 시 17편을 약간 개작하였고, 다양한 해석의 가능성을 남긴 「모토」를 첨가하였다.

■ 작품 해설

1952년 브레히트는 베를린에서 자동차로 1시간 정도 떨어진 부코라는 소도시에 조그마한 정자가 딸린 별장을 얻어 입주하는데, 아름다운 정원이 있고 호수가 내려다보이는 그곳에서 다시 고대 시인 호라츠를 읽기 시작한다. 1952년 7월 15일자 『일지』에는 이렇게 기록되어 있다. "부코에 있는 집과 주변은 내가 다시 호라츠와 같은 작가의 작품을 읽기에 정말로 충분하다." 호라츠는 '즐거움과 교훈'을 겸비한 작품을 쓰겠다는 포부를 밝혔고, 브레히트는 이러한 호라츠를 창작의 모범으로 인정한 바 있는데, 부코에서 브레히트가 호라츠를 다시 언급한 이유는 『부코 비가』의 성격을 분명하게 밝혀준다. 아름다운 별장의 환경(즐거움)을 시로 표현하면서 동시에 현실에 내재한 모순(교훈)도 드러내겠다는 것이 브레히트의 의도였던 것이다.

"부코. 투란도트. 이와 더불어 부코 비가. 6월 17일의 사태가 나의 전체의 존재를 낯설게 했다."라는 『일지』 내용을 염두에 둘 경우, 브레히트는 1953년 7월 베를린에서 발생한 노동자 시위를 계기로 이 시집을 썼다. 지금까지의 연구 결과를 종합하면 이 시집이 1953년 7월 동베를린에서 발생한 대규모의 시위와 관련이 있다는 점은 의심의 여지가 없다. 동베를린의 노동자들은 과도한 노동량에 비해 형편없는 보수에 불만을 품고 대대적인 시위를 벌였으며, 이 시위는 급속하게 동독 전역으로 퍼져나가면서 사회주의 동독의 위기를 초래하였으며, 급기야 동독은 소련의 도움을 받아 이 시위를 무력으로 진압하기에 이른다. 브레히트는 이 사태를 기대와 우려 사이에서 많은 고심을 했고, 그 결과가 이 시집에 반영되어 있다. 브레히트는 이 시위가 극복되지 않은 파시즘의 과거에 의해 야기되었다는 점, 또 노동자를 위한 국가라는 사회주의 동독에서 이러한 시위가 발생했다는 점에서 우려를 금치 못했고, 동시에 이 시위를 통해서 관료주의적인 동독의 체질이 개선되기를 바라는 심정에서 이 시위에 대해서 많은 기대를 했다.

브레히트의 이와 같은 입장은 노동자 시위를 바라보는 작가의 태도와 시집에 나타난 작가의 입장이 보여주는 이중성을 잘 설명해준다. 당시 브레히트는 동독이 집권당인 통합사회당의 서기장이었던 발터 울브리히트에게 “인민대중과의 대타협”을 요구하면서도 동시에 사회주의의 지속적인 성장을 위해 정부가 내린 시위 진압정책을 찬성하였다. 브레히트가 보여준 태도의 이중성은 때로 비난의 표적이 되어, 귄터 그라스에 의해 비겁한 지식인의 모형으로 비판받기도 했지만, 사회주의 건설은 지속되어야 하며, 이런 점에서 동독의 사회주의는 타도의 대상이 아니라 변화를 통한 발전이 필요하다는 브레히트의 관점은 처음부터 일관적으로 유지되었다. 브레히트의 입장은 “이 순간 저는 동일 통합사회당과 저의 유대감을 표현할 필요성을 느낍니다.”(1953년 7월 17일)라는 말에서, 그리고 페터 주르캄프에게 했던 말, 다시 말하면 이미 7월 17일 이른 아침부터 시위에 참가한 젊은이들의 표정에서 과거 나치주의자들의 모습이 연상되었다는 고백에서 확고하게 드러난다. 따라서 사회주의 건설 과정에서의 동독의 오류보다는 그 장점 때문에 동독을 선호하며, “전쟁과 파시즘에 맞선 투쟁에서 저는 동독의 편에 서있습니다.”(1953년 7월 1일, 페터 주르캄프에게 보낸 편지)라는 이 작가의 고백은 매우 일관되어 있고, 이 시집을 이해하는 데에도 많은 도움을 준다.

시집의 시들이 대부분 부코의 별장의 환경을 매우 아름답게 서술하고 있어서, 시집이 발표된 초기에 현실의 정치문제에 등을 돌리고 전원적인 풍경을 노래하는 비겁한 시인이라는 평가를 받기도 했다. 특히 다음과 같은 시는 이러한 평가를 받는 데에 크게 일조했다.

화원

호숫가, 전나무와 은백양나무 사이로 깊숙이
담장과 관목들로 보호를 받으며 정원이 하나
달마다 피는 꽃으로 그토록 현명하게 설계되어
삼월부터 시월까지 꽃이 핀다.

이 시는 얼핏 보면 작가가 머물던 부코 별장의 아름다움을 노래한 듯이 보이나, 자세히 보면 화원의 아름다움은 "담장과 관목"의 보호가 있어서 가능하다는 사실 그리고 정원은 자연 상태의 야생의 것이 아니라, 매달 새롭게 꽃이 피어나도록 "현명하게 설계되어"있다는 사실을 염두에 둘 경우, 이상적인 사회를 어떻게 꾸려나가야 할 것인지의 문제, 다시 말하면 국가의 기능에 관한 성찰이 담겨 있다. 이렇게 이 시집은, 브레히트의 다른 작품들과 마찬가지로, 겉으로는 단순히 자연 묘사에 가깝게 보이더라도 그 안에는 끊임없이 현실에 관한 성찰이 담겨 있다.

주해

스벤보르 시집

1) 1936-1937년 사이에 쓴 시들로 히틀러의 전쟁의 본질을 폭로하는 내용을 지니고 있다. 여기서 교본이라는 표현에서 독자들을 가르치겠다는 의지를 읽을 수 있다. 브레히트는 이 시들 외에도 시와 사진을 결합한 『전쟁교본』을 쓴 적이 있다.
2) '칠쟁이'는 히틀러를 가리킨다. 화가지망생으로 미대를 지원한 적도 있었으나 성공하지 못한 히틀러를 풍자석으로 지칭하고 있다. 『스벤보르 시집』의 시들 외에도 「칠쟁이 히틀러에 대한 노래」(1권 173쪽), 「서정시를 쓰기 힘든 시대」(360쪽) 등 브레히트 시의 여러 곳에서 나타나며, 때로는 '엉터리 화가'로 불리기도 한다.
3) 독일 아우토반이 히틀러의 전쟁준비를 위해 만들어졌음을 폭로한 시이다. 히틀러가 말하는 평화는 실제로는 전쟁임을 보여주어, 이데올로기와 실재의 대립을 드러낸다.
4) "희망을 버려라"라는 말은 단테의 『신곡』에 나오는 구절이다. 『신곡』의 「지옥」편 세 번째 노래 제 9행에는 지옥문 앞에 "이 문으로 들어가는 사람들은 일체의 희망을 버려라"라는 문구가 씌어져 있는데, 브레히트는 앞으로 전쟁이 벌어지면 지옥과 같은 상황이 전개될 것임을 암시하고 있다.
5) 히틀러는 1934년 폴란드와 불가침조약을 체결하였고, 1935년에는 영국과 함대 협약을 체결하는 등, 지속적으로 주변 국가들과 평화조약을 체결하였으나, 곧 전쟁을 개시하여 2차 세계대전을 일으켰다.
6) 주로 빈곤층이 먹던 음식.
7) 히틀러는 군복제작을 위해 양모 등 옷감은 민간에게 공급하지 않고 비축해두었다. 이로 인해 민간인들은 펄프와 종이로 만든 옷감으로 옷을 해 입었다. (브레히트는 이 시 이외에도 희곡 『제3제국의 공포와 참상』의 17장에 나오는 「새 옷」에서 "비 한 방울이라도 떨어질까/ 노심초사"하는 젊은 연인들을 등장시켜 히틀러의 허구성을 비판한다.)
8) 여기서 북쟁이도 히틀러를 가리킨다. 히틀러의 군대가 선동하기 위해 북소리를 울리며 진군한 데에서 착안한 것으로 보인다.
9) 인종차별적인 성격을 노골적으로 드러낸 '뉘른베르크 법'은 유태인을 '부적절한 falsch' 인종으로 간주하여 독일인과의 성관계를 금지하였다.
10) 1935년에 썼다가 모스크바에서 발행된 『말』(1937)지 제 8권에 실은 시. 이 시는 한스 아이슬러가 곡을 붙여 유명해졌다. 이 시의 후렴구가 의미하는 바에 대해 벤야민은 "심야의 폭동"을 암시할 것이라고 추측했으나, 1937년 4월 9일 브레히트는 이 후렴구가 의미하는 것은 물가 상승과 이로 인한 대중 봉기임을 밝힌 바 있다.
11) 1934년 4월 체코의 오섹에서 탄광이 무너서 142명의 광부가 사망하는 사건이 벌어졌고, 유족들은 프라하로 와서 대책마련을 요구하는 대대적인 시위를 벌였는데, 이를 소재로 브레히트가 이 시를 썼다.
12) 여기서 1592년이라는 연도는 콜럼부스가 신대륙을 발견한 세기적인 사건(1492년)과 관련된 것으로 보인다. 실제로 우름의 재단사 알브레히트 루트비히 베르프링어는 1811년 도나우 강을 비행하려다 실패한 사실이 있는데, 브레히트는 이 두 사건

을 조합하여 이 시를 쓴 것으로 보인다.

13) 이베리아 반도 중앙에 위치한 산맥의 이름.

14) 이 시는 마르크스와 엥겔스의 『공산당 선언』의 맨 뒤에 나오는 "만국의 노동자여 단결하라"라는 내용을 연상시킨다. 동일한 내용이 브레히트의 『코뮌의 나날들』에도 실려 있다.

15) 여기서 또 다른 전쟁은 계급의 전쟁을 뜻한다. 브레히트는 히틀러의 파시즘을 자본주의가 위기에 빠지면서 나타나는 현상으로 파악했고, 따라서 반파시즘 투쟁은 계급투쟁이 되어야 한다는 입장을 견지하고 있었다.

16) 여기서 통일 전선이란 노동자들이 자신들의 이해관계를 관철시키고, 히틀러의 파시즘에 대항하기 위한 노동자들의 단일 투쟁 노선을 가리킨다. 브레히트는 히틀러를 위기에 처한 자본주의가 가는 마지막 길로 파악하고, 히틀러를 이기기 위해서는 노동자들의 통일전선이 필요하다고 보았다.

17) 엠페도클레스의 죽음을 둘러 싼 두 가지의 서로 다른 내용을 제시함으로써 독자 스스로 판단을 유도하는 기법이 이 시에서도 잘 나타난다. 이것은 정과 반의 테제를 제시하여 종합적인 판단을 내리게 하려는 변증법적 창작 방식을 연상시킨다.

18) 프랑스의 시인. 브레히트는 초기에 비용의 시적 분위기를 자주 활용하기도 했다.

19) 인간의 삶을 고통으로 바라보는 불교의 교리에 따르면, 현실은 불타는 집과 같다. 번뇌에서 벗어나는 것은 일체의 집착을 버리는 것이다.

20) 불교에서 유위법이란 만들어진 것, 인위적인 것을 가리킨다. 이런 것들은 언젠가는 사라지기에, 집착할 것이 못된다.

21) 이 시의 소재는 1939년 10월 30일 독일 프랑크푸르트 신문에 실린 '레닌을 위한 기념비'라는 기사로 알려져 있다. 이 기사에는 쿠얀의 집단농장(우즈베키스탄 동쪽에 위치한 페르가나 지방)에서 주민들이 러시아의 혁명군대와 힘을 합쳐 열악한 주변 환경을 이겨내고 집단농장을 건설해 나간다는 이야기를 담고 있다. 원래의 소재와 이를 바탕으로 한 이 시는 이념(레닌 흉상)과 실용(열병 퇴치)의 관계를 매우 설득력 있게 서술하고 있다.

22) 시의 소재는 미국 소설가 셔우드 앤더슨 Sherwood Anderson이 쓴 『가련한 백인』(1925)이라는 소설인데, 이 소설에 관한 기사가 1926년 5월 23일 베를린에서 발간된 어느 신문에 실렸다.

23) 원래 이름은 'Wheeling and Lake Erie Railway'로, 미국 오하이오 주에 소재한 최고급 철로회사였다. 이 회사는 1916년부터 88년까지 존속하였다.

24) 이 시는 1935년 4월 13일 모스크바의 라디오 방송에 출연해 직접 낭송한 시이다.

25) 이 시는 『노래 시 합창』에도 수록되어 있다.

26) 1933년 히틀러는 자신을 비판하는 작가들의 책을 불에 태웠다. 이에 항의하여 독일 작가 오스카 마리아 그라프는 <비엔나 노동자 신문>(1933년 5월 12일)에 '나를 태워다오'라는 항의의 기사를 실었는데, 브레히트는 이것에 착안하여 이 시를 쓴 것으로 보인다.

27) 여기서 불평꾼이란 히틀러의 국가사회주의자들이 자신을 비판하는 세력을 비난하기 위해 사용한 개념이다.

28) 히틀러는 1935년 관용열차를 제작하게 했는데, 브레히트는 망명지에서 이 소식을 듣고, 이 시를 쓴 것으로 보인다. 관용열차가 지나치게 호화롭게 설계되어서, 국민을 위해 봉사하는 것이 아니라 오히려 국민 위에 군림함을 폭로하여, 히틀러 세력의 본질을 풍자하고 있다.
29) 괴링은 전쟁을 벌이면서 “쓰레기들에게 전쟁을”이라는 슬로건을 내세웠는데, 이 구절은 이를 비유한 것.
30) 개선이라고 할 수 없는 것을 개선으로 우기는 현실을 풍자하는 글.
31) 베리히테스가덴 인근 오버잘츠부르크에 있는 히틀러의 은신처를 가리킴.
32) 1933년 4월에 취임한 괴링을 뜻함.
33) 여기에 언급된 프롤레타리아, 산문, 도발, 찬성과 반대, 매춘, 이윤이라는 단어는 모두 독일어로 ‘Pro’로 시작한다.
34) 1934년에서 1938년 사이에 쓰였다가 1939년 파리에서 발표됨. 원래는 서로 독립적인 세 편의 시였는데, 나중에 한 편의 시로 묶은 것으로 보인다. 내용상 브레히트의 대표적인 비가로 꼽힌다.

슈테핀 시편

1) 브레히트는 1938년에 덴마크의 퓌넨 섬에 살았다.
2) 1940년 2월 이후로 독일 함대의 공격이 스칸디나비아반도로 향한다. 4월에는 노르웨이가 공격당하고, 덴마크는 나치스 군대에 의해 점령됐다.
3) 히틀러를 가리킨다. 411쪽 『스벤보르 시집』의 주 2번 참조.
4) 스톡홀름 앞의 섬. 브레히트는 1939년 5월부터 1940년 4월까지 이곳에 체류했다.
5) 이 시집 357쪽에 수록된 시 『회의하는 자』 참조.
6) 이 시집 362쪽에 수록된 시 『악한 형상의 탈』 참조.
7) 브레히트는 나치스를 피해 1941년 4월 17일밤에 스웨덴을 떠나 18일 새벽 유럽에서의 마지막 망명지였던 헬싱키에 도착한다. 브레히트와 그의 가족은 5월 13일까지 이곳에 머물면서 미국행 비자를 얻기 위해 노력한다.
8) 히틀러를 가리킨다.
9) 북유럽지방의 이름.
10) 핀란드와 러시아의 접경지역의 페트사모(Petramo: 러시아어로는 Pechenga) 항을 의미한다. 당시 이곳에서 미국으로 직행하는 배가 출발했다.
11) 1940년에 쓴 시. 브레히트는 스벤보르에 있는 자신의 집 발코니에 레닌의 말(“변증법의 주요 기본 명제는 이렇다: 추상적인 진리는 없다. 진리는 언제나 구체적이다.”)을 요약하여 “진리는 구체적이다”라고 써 붙였다.
12) 1940년 7월에 쓴 시. 브레히트는 이 시를 핀란드 여류작가 헬라 부올리요키에게 헌정했다. 부올리요키는 그해 7월부터 10월까지 카우잘라의 마를레벡 농장에 브레히트와 가족 및 마르가레테 슈테핀이 기거할 수 있도록 기처를 마련해주었다.
13) 1940년 6/7월에 쓴 시. 브레히트는 프랑스로의 진로를 열어주는 네덜란드와 벨기에, 룩셈부르크 공격으로 시작되는, 이른바 서부전선출정 이후 이 에피그람을 썼다.

14) 1940년에 쓴 시. 그해 4/5월의 노르웨이 해전에서 5300명의 도이칠란트군 병사가 전사했다.
15) 덴마크와 스웨덴 사이의 북해와 발트 해가 만나는 좁은 바다.
16) 1941년 1월 31일에 쓴 시. 브레히트는 1934년 니발라에서 발생한 핀란드 역사의 일화 하나를 다루고 있는데, 시간 지시("세 번째 겨울"과 "네 번째 봄")로써 사건에 현실성을 부여하고 있다.
17) 러시아 연방 내에서 자치권을 얻었던 핀란드가 1917년 12월부터 - 레닌에 의해 - 독립국가로 승인된 이후, 1918년 1월에 핀란드에서는 혁명정부의 구성과 더불어 프롤레타리아 혁명이 시작된다. 이는 5월에 내부의 반혁명세력과 도이칠란트군대의 도움으로 진압된다.
18) 브레히트는 여기 나오는 "환영(幻影)들"을 기독교의 예언과 결부시키고 있다. (이는 요한계시록이 행하는 중요한 역할이다.) 그러나 신의 징벌을 예고하는 예전의 종교적인 내용을 극히 현실-정치적인 것으로 뒤집어 히틀러-파시즘에 적용하고 있다. 이미지들은 부분적으로 기독교 신화에서 빌려온 것들이다.
19) 여기서 '오래된 새것'은 히틀러의 나치즘, 곧 민족사회주의 Nationalsozialismus를 풍자적으로 지칭하는 것이다.
20) 기독교의 부활신앙을 빗댐. 마태복음 27장, 52절 이하 참조. 1918년에 쓴 시 「죽은 병사에 관한 전설」에서도 유사한 모티브가 사용됨.
21) 바벨은 도시 바빌론의 헤브라이어 명칭이다. 사도 요한은 이 도시를 음탕한, 피를 내뿜는 아낙네로 묘사하며, "매음과 지상의 온갖 혐오스러운 것의 어머니"(계시록 17장, 5절)라 칭한다.
22) 본디 어부였고 예수에 의해 "사람을 낚는 어부"가 된 예수의 제자 안드레아와 베드로를 빗댐. 마태복음 4장 18절 이하 참조.
23) 『스벤보르 시집』에 수록된 「칠쟁이는 다가오는 위대한 시대를 운운한다」 참조.
24) 독일의 1차 세계대전 패전은 유태인과 사회주의자, 공산주의자들이 후방에서 꾸민 음모와 선동 때문이라는 이른바 "배후단도설(Dolchstoßlegende)"을 빗대어 말하고 있다. 힌덴부르크는 1919년 11월 18일 의회 조사위원회에서, '전장에서 무적이던 군대'가 1918년 11월 혁명으로 인해 '등 뒤를 단도로 찔렸다'고 주장했다.
25) 이 시는 셸리 Percy Bysshe Shelly의 발라드 「무정부 상태의 가면 The Mask of Anarchy」(1819)의 영향을 받았다. 12개의 악덕과 미덕은 기독교의 12사도를 암시하는바, 예수의 제자들과도 대체로 그 수가 일치한다.
26) 사타구니나 음낭 쪽으로 장이 튀어나오는 병.
27) '구부러진 코' 등의 신체적 특징을 통해서 유태인을 구분하는 나치스의 인종-이데올로기를 빗대고 있다.
28) 시 「1940년」의 1942년 판본의 5연 텍스트. 브레히트는 1948년에 시집을 수정·편집하면서 현재의 5연으로 교체하였다.
29) 1940년 5월과 6월에 걸쳐 벨기에와 북부 프랑스 지역에서 벌어지고, 6월 4일에 뒨키르헨이 점령됨으로써 종결된 탱크전을 말하고 있다.
30) 핀란드의 공용어는 핀란드어와 스웨덴어 두 개다.

할리우드 비가

1) 로스앤젤레스 북쪽에 위치한 시에라네바다는 19세기 말과 20세기 초만 해도 '골드러시'의 중심도시였다.
2) 로스앤젤레스는 비벌리 힐즈, 산타모니카, 잉글우드 그리고 로스앤젤레스라는 네 지역으로 구성되어 있다.
3) 미국인들은 공공의 영역에서 미소를 잃지 않는 것 keeping smiling을 매우 중시한다.
4) 원래 현을 의미하는 독일어는 'Streich'인데, 브레히트는 이 단어 대신에 매춘을 의미하는 'Strich'를 사용하여, 미국에서 예술이 상업성에 기울어지는 현실을 비판하고 있다.
5) 로스앤젤레스는 스페인 사람들이 건설했는데, 그곳 언어로 '천사들의 여왕의 도시'라는 뜻이다.
6) 수영장은 독일어로 'Schwimmenpfühlen'인데, 단어 끝에 붙은 'Pfülen'은 어원상 '늪지 Pfuhl'를 의미하기도 한다.

전쟁교본

* 『전쟁교본』에는 원래 브레히트가 작성한 주석이 첨부되어 있다. 그렇기 때문에 브레히트가 작성한 주석은 '원주'로, 역자가 첨부한 주석은 '역주'로 구분하였다.

서문

(역주) 루트 베를라우(Ruth Berlau, 1906-1974)는 브레히트를 그의 덴마크 망명시절에 알게 되었다. 덴마크의 부유한 집안의 딸로서 코펜하겐에서 연극배우와 신문기자로서 활동하던 그녀는 브레히트를 알게 된 후 그를 따라 '자신의 계급을 등지고' 평생 동안 그의 애인으로서, 또한 '생산적인' 동료로서 그의 주변에 머물렀다. 그녀는 브레히트의 희곡들을 무대에 올렸으며, 망명시절에 쓰인 시들을 모아 『스벤보르 시집』을 발간하기도 했다. 브레히트와 그의 가족이 미국 망명길에 오르자 베를라우도 고향과 남편을 버리고 이들을 동반했으며, 이들과 같이 동베를린으로 돌아와 브레히트가 죽은 후에도 그곳을 떠나지 않았다.

1번 시 (161쪽)

(역주) 히틀러(1889-1945)는 쿠데타나 어떠한 불법적인 수단에 의하지 않고 합법적인 선거에 의해 정권을 장악했다. 비록 그가 선신·신동의 대가였다고 하더라도, 대다수의 국민들은 선거에서 히틀러를 지지함으로써 '그와 함께' 제3제국시대를 열었던 것이다. 이러한 의미에서 브레히트는 의도적으로 이 시집을 선전·선동술의 대가인 히틀러의 연설 사진으로 시작하고 있으며, "제군들도 같이 가겠는가"라고 독일 국민에게 묻고 있는 것이다. 브레히트는 이렇게 지도자와 국민의 합의하여 같이 간 그 길이 어떠한 길이었는지를 이 시집에서 보여주려는 것이다. 이 시에서 히틀러는 공유병 환자처럼 묘사되고 있다. 이에 대해 브레히트는 그의 연극이론서의 하나인 『놋쇠 구입』에서 다음과 같이 말하고 있다.

“그〔히틀러〕의 추종자는 그에 대해 말하곤 해, 마치 그가 몽유병환자처럼 자신의 길을 가고 있다고, 아니면 그가 그 길을 이미 한번 가 본 사람처럼 자신의 길을 가고 있다고. 이처럼 그와 그가 하는 일은 하나의 자연현상으로 여겨지는 것이야. 그렇기 때문에 그에 대한 저항은 자연스러운 현상에 거슬리는 짓으로 간단히 간주되고 또 오래 지속될 수도 없게 되지.” (신전집, 22권 567-568쪽)

3번 시 (165쪽)

(역주) 1936년 2월 19일 스페인 제2공화국에 좌파의 인민전선 정부가 수립되자 같은 해 7월 17일 군부, 지주가 주도하는 파시즘 세력이 프랑코 장군(1892-1975)을 앞세워 반란을 일으킨다. 교회 역시 이 파시스트 반군을 ‘신 십자군’ 이라고 칭송하면서 프랑코를 지지했다. 외국세력들 중에는 독일, 이탈리아, 포르투갈이 우파 프랑코 군을, 소련과 코민테른은 좌파 정부군을 지원했다. 영국과 프랑스는 스페인 내전이 독일과의 전쟁으로 확대될 것을 우려해 중립을 표방했다. 2년 반에 걸친 내전은 1939년 2월 프랑코가 이끄는 우익 반군의 승리로 끝났다.

4번 시 (167쪽)

(역주) 스페인 제2의 도시 바르셀로나를 중심으로 하는 카탈루냐 지방은 스페인 내전에서 인민전선파의 거점으로서 최후까지 프랑코 군에 저항했다. 프랑코가 이끄는 스페인의 파시스트 정당인 ‘팔랑헤당’소속 후안 블랑코 데 야구에는 1939년 1, 2월에 걸친 카탈루냐 점령작전에서 핵심적인 역할을 수행했다. 파시스트들은 2월 9일 카탈루냐를 완전히 항복시켰다.

5번 시 (169쪽)

(원주) 제2차 세계대전은 1939년 9월 1일 독일의 폴란드 침공으로 시작되었다. 폴란드는 국가를 통치하던 장교단이 국민들로부터 증오의 대상이 되어 있었고, 무장 또한 형편없었던 탓에 외국의 침공을 막을 준비가 되어 있지 않았다. 그 결과 쉽게 독일의 전리품이 되어 18일 만에 점령되었다. 히틀러는 이러한 침공을 ‘전격전쟁’이라고 불렀으며 그는 후에도 이러한 ‘전격적인 승리’를 여러 번 거두었다.

6, 7번 시 (171/173쪽)

(원주) 덴마크와 노르웨이는 1940년 4월 9일 독일군에 의해 점령되었다. 야음을 틈탄 이 침공을 히틀러는 ‘보호조치’라고 불렀다. 그는 노르웨이와 덴마크를 영국으로부터 보호해야 한다고 주장했다. 그러나 실제로 그에게 중요했던 것은 노르웨이의 철과 덴마크의 버터였다.

6번 시 (171쪽)

(역주) 덴마크 점령은 1940년 4월 9일 별다른 저항 없이 이루어졌다. 노르웨이는 6월 10일 항복했다. 사진 상단 오른 편의 5월 1일은 이 사진이 1940년 5월 1일에 찍혔다는 것을 알려 준다.

7번 시 (173쪽)

(역주) 독일은 노르웨이 등 북유럽 침공 시 병력 수송에 동원되었던 많은 어선을 잃었다. 공식적인 독일의 병력 손실은 5,300명이었다.

8, 9, 10, 11, 12번 시 (175-183쪽)

(원주) 독일이 폴란드를 침공한 3일 후(1939년 9월 3일) 폴란드와 상호방위협정을 맺고 있던 영국과 프랑스는 히틀러정부에 전쟁을 선포하였다. 프랑스 군은 독자적으로 파시즘의 길을 가고 있던 집권자들의 미온적 태도로 인해 여러 번 패배를 감수해야 했다. 노동자들에게 적대적이었던 프랑스 정부는 1940년 6월 22일 침략자들에게 항복하였다. 점령 초기 나치는 '독-불 연합'과 같은 동맹 형태를 결성하기 위해 우호적인 태도를 취하였다. 그러나 나치스가 프랑스의 산업을 그들의 전쟁에 동원하자 프랑스의 노동자들과 민중들은 이에 반기를 들었다. 나치스는 이 저항운동을 분쇄하기 위해 점점 많은 수의 인질들을 총살하였는데 '오라두르-쉬르-글란'에서는 전 주민이 처형되어 마을이 완전히 폐허로 변했다.

13번 시 (185쪽)

(원주) 리온 포이히트방어(1884-1958)는 프랑스 남부의 사나리에 망명해 살면서 5편의 장편소설을 썼다. 파시즘에 유화적이었던 프랑스 정부는 전쟁이 시작되자 모든 독일인을-히틀러의 반대자와 스페인 전투에 참전했던 자, 그리고 유태인 망명자를 구분할 것 없이- 격리수용하라는 명령을 내렸다. 포이히트방어는 레미유에 있는 강제수용소에 수용되었다가 아직 독일군에 점령당하지 않았던 니므의 수용소로 다시 옮겨졌다. 그의 친구들은 이곳에서 그를 미국으로 탈출시켜 보호해 주었다. 그는 지금 미국 캘리포니아 퍼시픽 팰리사드에 살면서 글을 쓰고 있다.

그는 산문 『프랑스의 악마』(그라이펜 출판사, 무돌슈타트 1954)에서 자신이 체험한 강제수용소의 날들에 대해 보고하고 있다.

14번 시 (187쪽)

(원주) 페탱 원수(1883-1945)와 라발 장군(1883-1945)은 프랑스가 패배한 후 히틀러의 은총을 입어 정부를 세웠다. 이 정부의 수도가 비시에 있었기 때문에 사람들은 이 정부를 '비시 정권'이라고 불렀다. 이들은 독일 파시스트들의 지시를 받았으며 전쟁이 끝난 후 처벌을 피할 수 없었다. 페탱은 감옥에서 죽었으며 라발은 총살되었다.

(역주) 위의 원주를 보면 페탱이 전쟁 직후 감옥에서 죽은 것으로 오해될 가능성이 있다. 페탱과 라발이 같이 사형선고를 받았으나 라발만 총살되고 페탱은 드골의 감형을 받아 복역하다 1956년 감옥에서 죽었다.

15번 시 (189쪽)

(역주) 독일 공군의 영국 공습은 두 단계로 이루어졌다. 1940년 8월 13일부터 9월 6일까지는 주로 런던이 공습을 받았다(1단계: '독수리 작전'). 그 후 9월 7일부터 12월까지는 리버풀, 버밍햄, 맨체스터 등 주요 산업도시들에 대한 공습이 계속되었다. 이 공습에는 1,280대의 독일 폭격기들이 동원되었다. 독일의 공습이 영국의 민간건물을 파괴하고, 민간인들을 희생시켰기 때문에 처칠은 독일 도시들에 대한 영국의 공습을 정당화할 수 있었다. 베를린과 루르 지방에 대한 영국의 공습은 1941년 5월 11일 밤부터 시작되었다.

16번 시 (191쪽)

(역주) 체임벌린 수상이 이끄는 영국 정부에게 가장 중요했던 것은 기존에 확보해 놓은 제국주의적 이익을 유지하는 것이었다. 그러므로 영국, 프랑스 등은 유럽의 신흥 강

국 독일과 대립하기보다는 독일을 기존의 제국주의 체제에 끌어들이려 노력했으며, 이 체제를 통해 소련의 사회주의와 대치하려 했다. 이렇게 볼 때 이 시에서 브레히트가 암시하고 있는 '원래 계획했던 방향'은 소련이었다. 그러나 독일이 그들 사이에 암묵적으로 공인된 행동규칙을 지키지 않고 폴란드를 침략하여 자신만의 이익을 앞세우자 결국 영국과 프랑스는 독일과의 전쟁을 피할 수 없게 되었다.

브레히트는 이 사진시에서 제국주의 정책을 강도질로, 그 국가들을 장물아비로 보고 있다. 그러므로 이런 시각에서 본다면 영국은 장물아비 짓을 계속하려 했으나 자신이 세운 사업계획이 잘못되어 오히려 그 과정에서 생긴 사업상 사고의 희생물이 된 것이다.

18번 시 (195쪽)

(역주) 바르멘은 독일 북서부 노르트라인-베스트팔렌 주의 도시였으나 지금은 주변의 대도시인 부퍼탈의 행정구역으로 편입되었다. 이 바르멘 Barmen은 동사로 쓰일 때는 '한탄하다, 탄식하다'라는 의미를 갖는다. 브레히트는 이러한 이중적인 의미로 이 단어를 사용한 것으로 보인다.

이 시에서 브레히트는 자신이 무엇을 하고 있는지 전혀 의식 못한 채 폭탄이 명중했다고 좋아하는 폭격수를 보따리장수에 비유하고 있다. 이것은 이들 무지한 민중들이 행하는 전쟁의 배후에 지배자들의 제국주의적·자본주의적 이해관계가 있다는 점까지 암시하고 있다.

20번 시 (199쪽)

(역주) 사진 속 아이들은 대피소로 쓰이던 지하철역 입구에 좋은 자리를 미리 잡고, 이 자리를 양보하는 대가로 돈을 받았다. 이들의 단골은 유모차를 끌고 늦게 대피소로 오는 여인들이었으며, 아이들은 대피소 속의 자리를 넘겨준 채 공습이 끝날 때까지 유모차를 지키고 있었다고 한다.

21번 시 (201쪽)

(역주) 사진은 독일 폭격기의 공습을 받아 연기를 뿜고 있는 영국의 도시를 보여준다.

22번 시 (203쪽)

(원주) 1940년부터 1945년까지 독일에만 다음과 같은 공습이 이루어졌다.

투하된 총 폭탄 중량: 1,300,000 톤

희생된 사망자: 500,000 명

1톤당 사망자수: 0.38명

23번 시 (205쪽)

(역주) 히틀러가 제창한 나치즘 Nationalsozialismus은 '민족사회주의' 또는 '국가사회주의'로 번역된다. 히틀러는 집권 초기까지 노동자들을 자기편으로 끌어들이기 위해 빈곤한 노동자들을 위한 정책을 폈다. 예를 들어 무료급식제도를 확대했으며, 일자리를 창출하기 위해 고속도로 '아우토반'을 건설하였다. 그러나 이 아우토반을 맨 먼저 달린 것은 독일 탱크와 군용차들이었다. 독일군은 바로 이 고속도로를 통해 유럽 각국을 침략했던 것이다. 이처럼 히틀러가 내세웠던 사회주의적 정책은 결국 제국주의의 야욕을 위한 눈가림이었을 뿐이었다.

24번 시 (207쪽)

(원주) 직조공의 아들이었으며 스스로도 공장노동자였던 구스타프 노스케(1868-1946)는 사민당 출신으로 바이마르공화국에서 국방장관을 지내면서 독일 혁명을 진압하였다. 그가 거느린 '철갑연대'와 '의용단'은 반혁명적 용병부대로서, 스스로의 권리를 위해 싸웠던 프롤레타리아를 무자비하게 진압하였다. 1919년 1월에 있었던 사민당 정부와 군 장교들과의 한 회합에서 노스케는 혁명에 대한 단호한 결단을 요구하였고, 회합은 그에게 혁명 진압을 맡길 것을 결의하였다. 그는 이에 대해 "기꺼이 맡겠습니다. 그가 누구든 피에 굶주린 사냥개 한 마리는 있어야 합니다"라고 대답하였다. 바로 그가 이 피에 굶주린 개였으며, 스스로 선택한 이 이름이 그를 따라 다녔다. 히틀러가 정권을 잡자 노스케는 높은 연금을 받고 명예롭게 은퇴했다.

25번 시 (209쪽)

(원주) 헤르만 괴링(1893-1946): 잇속 밝은 나치스의 우두머리. 그는 직위를 이용해 축재에 성공해, 소위 '헤르만 괴링-공단'을 소유하였으며 '우파 UFA 영화사'와 다른 중공업 공장들의 지분까지 소유했다. 그는 카린할에 있는 자신의 성에 들어앉아 배를 채우면서, 독일군이 전 유럽에서 도둑질해 온 예술품을 '수집'하였다. 1945년 그는 자신이 벌였던 사업을 통해 목숨을 구할 수 있으리라는 희망을 품고 영리하게 미군에 투항했지만 그는 미국인 사업 동료들의 힘을 너무 과대평가하는 실수를 저질렀다.

괴링은 1946년 9월 30일 뉘른베르크의 국제전범재판소에서 교수형을 선고받았다. 그러나 그에 대한 처형은 이루어지지 못했다. 은밀히 전달된 독을 먹고 처형 전에 세상을 떠났기 때문이다.

26번 시 (211쪽)

(원주) 요셉 괴벨스(1897-1945): '국민계몽선전부'의 장관을 지내면서 나치스의 모든 대규모 축제를 연출했다. 괴벨스는 책임 추궁을 받을 필요가 없었다. 소련 군대가 베를린에서 시가전을 벌이는 동안 그는 온 가족과 함께 음독자살을 함으로써 형벌을 피했다.

(역주) 히틀러의 유언장에 후계자로 지명된 괴벨스는 히틀러와 함께 1945년 5월 1일 베를린의 '지도자 벙커'에서 자살하였다. 그는 대학에서 철학, 예술사, 문예학을 연구한 후 철학박사학위를 취득하였다. 이 시의 4행을 원문대로 옮기면 "사람들은 내 다리가 짧다는 것을 믿지 않지"가 된다. 이 문장은 실제로 괴벨스가 약간 다리를 절었다는 사실과 "거짓말은 짧은 다리를 갖고 있다"라는 독일 속담을 연결시켜 만든 표현이다

28번 시 (215쪽)

(역주) '바그너적인 종말'이라는 표현은 바그너의 오페라에 나오는 영웅들의 비극적 종말을 의미한다. 그러므로 히틀러, 괴링, 괴벨스에 대해 이러한 표현을 사용할 경우 이들은 비극의 영웅으로 미화될 소지가 있다. 브레히트가 이 사진을 오려내 4행시를 덧붙인 이유는 이러한 영웅 신화의 이데올로기를 부수려는 데 있다.

"바이로이트 공화국": 바이마르 공화국에 비유해 제3제국이 이 공화국을 계승한 것

이라는 점을 암시한다.

29번 시 (217쪽)

(역주) 이 시가 쓰인 1940년은 나치가 정권을 잡은 지 8년이 되는 해이다.

30번 시 (219쪽)

(역주) 롬멜(1891-1944)은 1941년 2월부터 독일 아프리카군단을 지휘하면서 '사막의 영웅'이라는 별명을 얻었다. 그는 전쟁 초기 히틀러를 지지하였으나, 점점 그에 대해 회의를 느끼던 중 1944년 6월 20일의 군부반란(작전명: 발키리)에 비록 수동적이지만 동조하였다. 이 반란계획이 발각되자 히틀러는 군부의 동요를 의식해 그를 처형하는 대신 자살을 강요하였고, 롬멜은 이를 받아들여 스스로 목숨을 끊었다.

32번 시 (223쪽)

(역주) 키르케네스: 독일군에 의해 점령된 노르웨이의 공군기지
카토비치: 폴란드 남부 슐레지엔 지방의 공업도시
루르 지방: 독일 북서부 노르트라인-베스트팔렌 주의 공업지대. 풍부한 석탄에 바탕을 두고 철강산업이 발달하여 독일 중공업의 중심지가 되었다.

33번 시 (225쪽)

(원주) 소련 침공은 초기에는 순조롭게 진척되었다. 1941년 6월 22일 독일군이 소련 국경을 넘은 이후, 이탈리아, 헝가리, 루마니아 군들이 그 뒤를 따랐다. 루마니아와 마자르의 대지주들과 이탈리아의 귀족들도 광활한 러시아에서 그들의 몫을 챙기려 했다. 그러나 이 일은 생각처럼 간단치 않았다. 독일 군대만 170개 사단이 소련 국경을 넘었으며 나중에는 240개 사단으로 늘어났다. 히틀러가 구상한 '유럽의 신질서'에는 소련까지도 포함되어 있었다. 그리고 그것은 바로 이익추구를 위한 새로운 질서체계였다. 괴벨스는 이 점을 체육궁전의 연설에서 천명하면서 소련과의 전쟁에서 중요한 것은 주로 밀, 금속, 석유라고 말했다. 8년 동안 '갈색 질곡'에서 고생하던 독일 노동자들은 이제는 그곳에서 나왔으나, 이번에는 자신과 같은 계급이 통치하고 있는 나라와 싸워야 했다. 그들은 스스로 적대자가 되어 싸웠던 것이다.

(역주) 위의 원주에서 '갈색 질곡'이라고 하는 것은 나치스 돌격대원들이 갈색 유니폼을 입고 있던 것을 비유한 표현이며, 8년은 독일이 소련을 침공한 해인 1941년이 나치가 정권을 잡은 지(1933년) 8년이 지났다는 것을 말하는 것이다.

34번 시 (227쪽)

(역주) 라플란드: 스칸디나비아 반도의 북부를 차지하는 광대한 툰드라 지역.
노르카프 곶: 유럽 최북단지방으로 북위 71도 부근에 위치하고 있다.

35, 36번 시 (229/231쪽)

(원주) 이탈리아가 제 2차 세계대전에 참전한 이후 이탈리아는 독일의 도움을 받아 아프리카 식민지를 확장하려는 계획을 세웠으며 실제로 소말리아와 리비아의 일부분을 차지했다. 독일의 아프리카 군단들 중 1개 군단은 리비아로 진출해 그곳에서 이탈리아 군대와 함께 동쪽, 즉 이집트 쪽으로 돌격하였다. 그러나 이들은 알렉산드리아 근교에서 더 이상 나아가지 못했다. 이곳에서 이들은 고립되어 지쳐갔으며 결국 영국의 포로가 되거나 사막에서 죽어야만 했다.

35번 시 (229쪽)

(역주) 융커: 독일 북동부, 엘베 강 유역에 대토지를 소유하고 있던 프로이센의 지배계급. 18세기 이후 독일의 정계, 관계, 군부를 지배하였으며 정치적으로는 보수적 색채를 띠고 있었다. 전쟁이 종료되고, 독일이 분단된 후 그들의 토지가 동독 정부에 의해 몰수됨으로써 그 존립 기반을 상실하였다.

39, 40, 42, 43, 44, 45, 46, 47번 시 (237-253쪽)

(원주) 일본 왕 히로히토는 독일의 '지도자'와 이탈리아의 '총통'과 동맹을 맺고 1941년 12월 8일 자신의 폭격기들을 태평양의 미국 군항 진주만을 향해 날려 보냈다. 중무장을 한 일본은 아시아와 태평양에서 백인의 지배를 종식시키고 대신 이곳의 풍부한 천연자원을 차지할 계획을 세웠던 것이다. 전쟁은 태평양의 넓은 지역에 걸쳐 벌어졌다. 일본군은 전쟁 초기에는 승리를 거두었으나 그 후 차례차례 섬들을 포기해야 했다. 전쟁은 매우 잔혹하게 전개되었다. 인종차별에 사로잡혀 있던 미군은 일본인들을 하찮은 존재로 간주했고 또 그렇게 다루었다.

41번 시 (241쪽)

(역주) 핀업 채소: 여자 모델의 선정적인 사신을 지칭하는 '핀-업-걸 Pin-up Girl'에서 따온 말.

42번 시 (243쪽)

(역주) 치앙마이: 타이 북부의 최대도시

43번 시 (245쪽)

(역주) 부나: 파푸아뉴기니의 뉴기니 섬 남동부의 항구. 1943년 여름 미군은 일본이 점령하고 있던 남서태평양의 섬들에 대해 대공세를 시작했다. 이 작전의 일환으로 미군은 9월 4일 부나 부근의 남부 해안에 상륙했다.

44번 시 (247쪽)

(역주) 도메이 은행: 브레히트는 공영통신사의 이름인 도메이를 은행 이름으로 착각했던 것으로 보인다.

48번 시 (255쪽)

(역주) 유태 오디세우스: 천신만고의 항해 끝에 아내 페넬로페에게 돌아온 호메로스의 서사시 『오디세이아』의 주인공처럼 '약속된 땅'을 찾아오는 유태인을 지칭한 표현.
마르마라 해협: 터키 북서부, 유럽과 아시아 사이에 위치한 해협.
팔레스타인: 옛 가나안 땅, 팔레스티나. 현 이스라엘을 중심으로 한 지중해의 동해안 일대. 유태인은 시오니즘을 바탕으로 국가수립을 추진하였으며 박해받던 전 세계의 유태인을 팔레스타인으로 이주시키려 했다. 그러나 1차 세계대전 이후 이 지역을 위임통치하고 있던 영국은 애매한 태도로 이들의 상륙을 방해해 부실한 배를 타고 왔던 많은 유태인이 해안을 눈앞에 두고 바다에 가라앉는 비극을 겪어야 했다. 유태인들은 1948년 미국의 지원으로 이 지역에 이스라엘을 건국하였다.

49번 시 (257쪽)

(원주) 미군이 시칠리아 섬과 남부 이탈리아에 상륙하자 민중들이 궐기하였다. 무솔리니는 사로잡혀 교수형에 처해졌다. 이탈리아는 1943년 9월 8일 항복하였으며, 파시

스트들은 이탈리아 북부 지방에서 마지막 저항을 하였다. 그 후 바돌리오 원수는 이탈리아군 일부를 이끌고 독일군에 대항해 전투를 시작하였다. 그때부터 이탈리아에서는 세 개의 이해집단이 서로 싸우게 되었는데 미 상륙군과 바돌리오가 이끄는 이탈리아군 그리고 이들의 공세를 차단하려던 독일군이 그들이었다.

50번 시 (259쪽)

(원주) 전후 가장 큰 장사 중의 하나는 굶주린 유럽 민중에 대한 '원조사업'이었다. 미국의 거대 생필품 트러스트들이 이 장사를 도맡았다. 이들은 자신들이 더 이상 소비할 수 없는 상품들을 미국의 원조기구에 팔아 넘겼다. 시민들의 세금에 의해 구입된 상품들은 유럽으로 보내졌고, 이 물건들과 함께 '경제전문가'들과 '정치고문단'들이 같이 건너왔다. 이들은 1파운드의 유지(油脂)로 정치인들을, 그리고 한 통의 고기로 정당 지도자들을 샀다. 몰락하고 허약해진 부르주아 계급은 설탕 한 자루를 얻기 위해 이들 '원조 제공자들'에게 권력의 자리들을 넘겨주었으며, 이들 국가들은 이제 바다 건너 트러스트들의 이해관계에 따라 조종되었다.

53번 시 (265쪽)

(원주) 1944년 6월 6일은 서유럽의 국민들이 오랫동안 기다려 왔던 제2전선이 시작된 디-데이였다. 계속 망설이던 영국과 미국이 그들의 군대를 도버 해협 건너편으로 파견했던 것이다. 6월 6일 아침 군인들은 유럽의 자유를 위해 생명을 바친다는 각오로 상륙정에서 튀어나와 물속을 걸어 나왔다. 그러나 그들이 전쟁에 투입된 진짜 이유가 퇴각 중인 독일을 뒤쫓아 내려오고 있던 소련군 때문이었다는 점을 이들은 모르고 있었다.

(역주) 유럽전선에서 홀로 독일군의 95퍼센트와 상대하고 있던 소련은 전쟁을 신속히 끝내고 자국의 부담을 줄이기 위해 프랑스에 제 2전선을 구축할 것을 영국과 미국에게 강력히 요구했다. 이에 양국은 1942년 6월 이 제안을 받아들이기로 합의하였으나 실행을 미루다 소련군이 독일군을 패퇴시키고, 퇴각하는 독일군을 따라 계속 서유럽으로 진출하자 독일보다 소련을 견제하기 위해 서둘러 노르망디 상륙작전을 감행했다.

이 사진시에 대한 브레히트의 필사본에는 당시 미국 대통령 해리 트루먼이 한 다음과 같은 말을 옮겨 적은 메모가 붙어 있다. "독일이 승리할 것 같으면 우리는 러시아를 도와야 한다. 그러나 러시아가 이긴다면 우리는 독일을 도와야 할 것이다. 그렇게 되면 이들은 서로를 죽이려들 것이다"(뉴욕 타임스, 1944년 6월 24일)

54번 시 (267쪽)

(원주) 35개 사단으로 이루어진 독일군은 모스크바를 포위 공격하여 접수하려 했다. 그러나 농민군, 국민방위군과 소비에트 군은 합심해 모스크바를 방어했다. 이들은 남녀노소를 막론하고 조국의 평화를 해치는 자들에 대한 증오심으로 굳게 뭉쳤다. 또한 남의 이해관계가 아니라 스스로의 이해관계에 따라 무기를 들었기 때문에 그들이 승리한 것이다. 그 결과 그들은 1941년 12월 6일 모스크바를 벗어나 공세를 시작했고 여러 지역에서 히틀러 군을 서쪽 400킬로미터 지점까지 몰아냈다.

55번 시 (269쪽)

(역주) 브레히트의 희곡 『사천의 착한 사람』에 수록된 「여덟 번째 코끼리의 노래』에서 잘 길들여진 여덟 번째 코끼리는 '쌀 한 섬'을 대가로 자신의 동족 코끼리들을 배반한다. 이 사진시에서도 브레히트는 나치스에 길들여져 자신의 계급적 신분을 망각하고 러시아 형제를 공격하는 독일 병사를'길들여진 코끼리'라고 표현하고 있다.

일곱 코끼리 더는 일하기 싫어
벌목일이 지겨워
진 씨, 신경질 나, 일곱에게 화를 내고
여덟 번째에겐 쌀 한 바가질 줬지
〔 ... 〕
일곱 코끼리 이가 없었네
이빨 있던 것 여덟 번째 뿐
함께 있던 여덟 번째, 일곱 마리 두들겨 패
진 씨, 뒤에 서서 웃었다네.
(『사천의 착한 사람』, 정민영 역, 브레히트 선집 3권, 231-232쪽에서 인용)

58번 시 (275쪽)

(역주) 오렐: 소련과 러시아 연방공화국 오렐 주의 수도. 모스크바 남쪽 330킬로미터 지점의 중앙아시아 고원에 자리 잡고 있다.

59번 시 (277쪽)

(원주) 제 2차 세계대전에서 가장 많은 손실을 입은 민족은 소련 민족이었다. 한 보고서는 다음과 같이 전하고 있다. "파리에서 열렸던 평화회의에서 몰로토프는 전사한 소련군이 7백만이라고 주장했다. 소련 경제를 연구하는 파리의 한 연구소는 소련 민간인들의 사망자를 약 천만이라고 추정했으며, 이 중 약 절반은 사살 당했고, 나머지 절반은 소개 도중 얼어 죽거나 굶어 죽은 사람이었다고 보고했다." (P.M.S 블랙켓트, 「원자력의 군사적·정치적 효과에 대해」)

(역주) 케르취: 구소련 우크라이나 크림 반도의 도시.

61번 시 (281쪽)

(원주) 1942년 11월 19일 소련군은 독일군 전선을 격파하고 스탈린그라드를 포위했다. 히틀러는 마지막 한 발을 다 쏠 때까지 항복하지 말 것을 명령했다. 2개월 반 동안 많은 인명을 헛되게 손실한 후 독일 제 6군은 1942년 2월 2일 항복했다. 총 330,000명 중 단지 1/3만이 살아남았다. 이 패배 후 독일 군사력은 다시 회복되지 못했다. 종말의 시작이 다가왔던 것이다.

(역주) '서쪽으로': 스탈린그라드를 탈환한 소련군은 계속 서쪽으로 전진하면서 1944년 1월 20일 레닌그라드를 해방시켰으며, 9월에는 서쪽 폴란드와의 국경을 돌파하였다. 소련군은 계속 패퇴하는 독일군을 추격하여 1945년 4월 16일 오데르-나이세 강을 넘어 독일 영도로 진격하여, 4월 24일에는 독일의 수도 베를린에 입성했다.

65번 시 (289쪽)

(역주) 사진은 공습에 폐허가 된 독일 도시를 보여준다.

67, 68번 시 (293/295쪽)

(역주) 전후 영국의 외교관 판지타르 경은 독일인이라면 한명의 예외도 없이 전쟁에 책임이 있다고 주장했다. 토마스 만 역시 이러한 견해를 보였으나, 브레히트는 이에 반대했다. 브레히트는 독일 민중이 히틀러 집권을 지지했던 것은 분명한 잘못이라고 생각한다. 하지만 승전국이라고 해서 그들이 독일 민중 전체를 비판할 자격은 없다고 본다. 그 이유는 그들이 자신들의 식민지에서는 피지배자인 민중들이 침묵했다고 비판하지는 않기 때문이다. 오히려 민중들의 "설명할 수 없는 인내심"을 그들은 자신들의 식민지 지배를 정당화하는 근거로 이용했다. 자신들이 공포정치를 통해 반대 의견을 통제했음에도 불구하고, 자신들의 이해관계에 맞게 "침묵을 동의"로 해석하고 선전했던 것이다. 이점은 독일 민중들도 마찬가지다. 그들은 히틀러가 집권한 후 오래지 않아 히틀러의 만행을 인식했지만, 나치스가 비밀경찰 등을 통해 펼치는 공포정치 아래에서는 어떠한 비판도 할 수 없었다.

68번 시 (295쪽)

(역주) 사진에 등장하는 아홉 명 독일군은 고급장교들이 아니라 모두 일반 병사들이다. 브레히트는 앞의 시에서와 마찬가지로, 자신이 민족적 편견에서 독일인을 추켜올리는 '눈먼 찬양꾼'으로 오해받을 여지가 있음에도 불구하고 이들 독일 민중들을 피해자로 보고 있으며 이들의 '인내심'을 이해하는 자세를 보인다.

69번 시 (297쪽)

(역주) '저것이 기어 나온 그 자궁이 아직도 생산 능력이 있기에': 그의 희곡 『아르투로 우이』의 에필로그에도 나오는 구절로서 전쟁이 끝난 후에도 청산되지 않고 있는 독일 파시즘에 대한 경고다. 사진 왼편 밑에 적혀 있는 것은 히틀러의 생년월일이다.

부코 비가

1) 여기서 화원은 부코에 있는 브레히트의 별장의 정원 꽃밭을 가리키는데, 이 시는 자연을 묘사하면서 1953년 6월 17일에 벌어진 동베를린의 노동자 시위에 대한 작가의 입장을 매우 상징적으로 잘 보여준다.
2) 영혼이 없는 동독의 관료주의와 군대식 문화를 상징한다.
3) 시에서 배는 국가를 상징하고, 노를 저으며 대화를 나누는 두 젊은이의 편안한 모습에서 브레히트가 생각하는 이상적인 사회주의 국가의 모델을 읽을 수 있다.
4) 새로운 사회로 여겼던 동독이 여전히 낡은 틀에서 벗어나지 못함을 보여주는 시로, 부분적인 장면들이 마치 영화를 보는 듯이 세밀하게 묘사되어 있다. 한편에는 수녀와 성직자의 모습이, 또 다른 한 편에는 노 젓는 소년의 모습이 제시되는데, 이 두 인간군 모두 시대에 걸맞지 않다.
5) 여기서 돛을 세운다는 말은 작품 활동을 하겠다는 의지를 뜻한다. 브레히트는 돛과 문학의 상관성을 호라츠에게서 차용한 것으로 알려져 있다.
6) 1953년 구동독의 작가동맹 비서이자 통합사회당의 중앙위원이었던 쿠르트 바르텔

은 반정부 시위에 참가한 노동자들을 비판하며, 더 많은 노동으로 국가에 봉사할 것을 요구했는데, 브레히트는 이를 비판하며 이 시를 쓴 것으로 보인다.

7) 1953년 동독에서 벌어진 노동자 시위에 관한 작가의 딜레마를 잘 표현한 시.
8) 양파는 노동자들의 값싼 식재료를 상징한다.
9) 마치 영화의 슬로우비디오를 보는 듯한 느낌을 줄 정도로 세밀한 장면묘사는 히틀러 군대의 인사법을 연상시킨다.
10) 1952년-1953년 미국은 서베를린 시민들에게 식료품을 배분하며, 동베를린 시민들을 유혹했는데, 이 시는 이 사태를 소재로 한다.
11) 맥카시와 그의 아들은 제2차 세계대전과 그 이후 50년대 초반까지 반공산주의 운동을 벌여, 맥카시즘이라는 유행어를 낳기도 했다.
12) 브레히트의 시에 자주 나오는 송아지는 일반 민중을 뜻한다.
13) 그리스 신화에서 뮤즈는 예술과 학문을 장려하는 여신을 뜻한다. 뮤즈의 여신은 대개 아름다운 여자의 모습으로 그려진다. 이 시는 관료적인 동독의 체제를 무작정 찬양하는 동독의 작가들을 비판한다.
14) 여기서 철은 독일어로 Stahl인데, 이것은 발음상 스탈린을 연상시킨다.
15) 브레히트는 구 소련의 시인 알렉산더 트와르도프스키의 시, 「바실리 툐르킨」(1941-45)이라는 시와 바실리 갈락티오노프/ 아나톨리 아그라노프스키의 작품, 「강물이 바다가 되다. 기록 소설」의 일부를 이 시에서 인용하고 있다. 브레히트가 인용한 이 작품들은 볼가 강의 댐을 건설하는 구소련 건설기의 노동자들의 활동을 다루고 있다.

개별 시

1) 어머니를 지칭. 브레히트의 어머니는 오랫동안 암으로 투병하다 1920년 5월 1일 사망했다.
2) 3행 시연이 계속되는 시 형식.
3) 14편의 시와 게오르게 그로츠의 삽화 25점으로 구성된 독특한 시집 『세 병사』는 1932년 『시도』 6집에 발표되었다. 브레히트는 바이마르공화국의 참담한 현실을 공격적으로 묘사한 이 시들을 아이들에게 들려주고, 아이들과 함께 현실에 대해 토론하려 했다. 그렇기 때문에 『시도』 지 서문에 "이 책은, 큰 소리로 읽힌 뒤, 아이들에게 질문의 기회를 주어야 한다"라고 그 사용방법을 명시했다. 본 번역본에서는 14편의 시 가운데 11번 「세 병사와 독가스 Die drei Soldaten und das Giftgas」, 12번 「세 병사와 하느님 Die drei Soldaten und der liebe Gott」, 13번 「세 병사와 계급투쟁 Die drei Soldaten und der Klassenkampf」, 이 세 편을 생략했다.
4) 북프랑스와 벨기에, 네덜란드에 걸친 해안지역. 독일군은 제1차 세계대전 막바지 이곳에서 결정적인 패배를 당했다.
5) 임신중절을 금지하고 있는 독일 형법 218조에 대한 풍자.
6) 가격을 높게 유지하기 위하여, 과잉생산 때에 생산물의 일부를 파기하는 자본주의 현실에 대한 풍자다. 그것에 대한 보도를 브레히트는 체계적으로 모아서 특히 브레

히트의 영화 『쿨레 밤페 혹은 세상의 주인은 누구인가』와 희곡 『도축장의 성 요한나』에서도 이러한 장면이 나온다.

7) 칼 크라우스 Karl Kraus(1874-1936)는 1899년 잡지 『횃불 Fackel』을 창간하고, 주로 언어비판 작업을 통해 왕성한 사회 비판 활동을 벌였다. 그러나 크라우스는 나치가 1933년 1월 정권을 잡자 침묵을 지키며 잡지 발행을 중단하다 1933년 10월 888호를 내면서 다시 잡지를 발행했다. 이 복간호인 888호에 크라우스는 오랜 침묵 끝에 다음과 같은 시를 발표한다.

> 묻지 말아 주시오, 이 기간 내내 내가 무엇을 했는지를.
> 나는 침묵을 지킬 것이오;
> 그리고 그 이유에 대해서도 말하지 않을 것이오.
> 땅덩어리가 요란스런 소리를 냈기에, 침묵했을 뿐이오.
> 합당한 말을 찾을 수가 없었오.
> 사람들은 단지 꿈속에서만 말을 하고 있소.
> 그러면서 환하게 웃고 있던 태양에 대해 꿈을 꾸고 있소.
> 언젠가 이 세월도 지나갈 것이오;
> 그러면 잘 잘못을 따질 필요도 없을게요.
> 그 세상이 잠에서 깨어났을 때, 말은 잠에 빠져들었던 것이오.

이 마지막 10행의 '그 세상'은 나치스의 세상을 의미하는 것으로서, 나치스는 자신들이 잠들은 독일을 깨워 일으켰다고 선전했다. 크라우스는 나치스의 통치가 시작되자, 자신은 침묵했으며, 그에 대해서는 더 이상 이야기 하지 않겠다고 이 시에서 말한다. 브레히트의 시는 나치스에 대한 이와 같은 크라우스의 소극적 자세에 대한 불만을 시로 표현한 것이다.

8) 법의 여신 유스티나는 편견이나 선입견을 갖지 않기 위해 두 눈을 가리고 있다.
9) 앞의 시에서도 밝혔듯이, 나치스는 자신들이 잠들은 독일을 깨워 일으켰다고 선전했다.
10) 1967년 전집에는 『무엇 때문에 내 이름이 불려야 한단 말인가?』라는 제목으로 수록되었다.
11) 브레히트가 동독으로 귀환해 그의 마지막 생애를 보냈던, 지금은 브레히트 기념관이 되어 있는 베를린 쇼셔 가 125번지 2층 거실에는 지금도 『The Doubter 회의하는 자』라는 제목이 붙은 족자가 걸려 있다. 긴 의자에 앉아 생각에 잠겨 있는 중국 남자를 그린 이 족자를 브레히트는 "신발보다도 더 자주 나라를 바꿀 수밖에 없었던" 망명 기간 내내 항상 가지고 다녔을 정도로 이 그림을 소중히 여겼다. (130쪽 『슈테핀 시편』에 수록된 「1940년」의 7연 참조)
12) 비슷한 시기에 쓰인 「후손들에게」(119쪽), 「서정시를 쓰기 힘든 시대」(360쪽)와 같이 읽을 수 있는 미학적 시
13) 히틀러를 가리킨다. 411쪽 『스벤보르 시집』의 주 2번 참조.
14) 나치 돌격대(SA)의 유니폼.
15) 1947년 초 쓰임. 1948년 베를린의 <Ost und West> 10호에 발표. 브레히트는 전후

독일의 서부지역이 서방세계의 모델을 따라 민주주의를 수립한 것에 대한 반발로 이 알레고리적인 시를 썼다. 그는 서구식 민주주의의 채택을 곧 자본주의 원리의 복원으로 여겼기 때문이다. 시의 원제는 'Freiheit und Democracy'인데, 브레히트는 의도적으로 '민주주의'를 영어 단어로 썼다. 또한 이 시에서 브레히트는 전후에도 나치 시대의 인물과 이데올로기가 청산되지 않은 채 여전히 기득권을 장악하고 있는 현실을 통렬히 비판하고 있다.

16) 원문 "Allons, enfants"는 프랑스 국가의 서두에서 따온 것이며, "god save the king"은 영국 국가의 마지막 부분을 패러디한 것이다.

17) 나치의 하켄크로이츠를 암시.

18) 1934년 6월 30일, 히틀러 주도하에 돌격대 참모대장 에른스트 룀을 비롯하여 반히틀러 세력을 제거한 반란 사건을 '긴 칼의 밤'이라고 부른다.

19) Freinacht: 독일 남부지역의 민속 전통으로 귀신들이 돌아다닌다는 10월 31일 밤을 가리킨다. '마녀들의 밤(Hexennacht)'이라고도 한다.

20) 범게르만주의는 게르만 민족의 우수성을 주장하는 나치의 인종주의 이데올로기였다.

21) 강제수용소에서 벌어진 인체실험에 의사들이 참여했음을 암시.

22) 독일의 화학 산업체가 독가스를 제공함으로써 강제수용소 학살에 관여했음을 암시.

23) 『Der Stürmer』: 나지 시대의 인종주의 선동 신문.

24) Kraft-durch-Freude: 나치 시대의 여가활동 단체.

25) '동계 구호재단(Winterhilfswerk, WHW)'을 가리킨다. 이 재단은 동절기 빈민구제를 위한 사회복지 단체들의 연합재단으로, 1931년부터 모금운동을 펼쳤다. 나치가 권력을 잡은 후 나치 정권에 의해 이용되었다.

26) 나치 당의 출발이자 근거지인 뮌헨을 가리킨다.

27) 로마 여신으로 유황과 독가스를 나타낸다.

28) 당시 나치 당사를 가리키는 별칭이었다.

29) 독일 프로이센 동부의 보수적 귀족의 통칭.

30) 비디 Bidi는 브레히트의 애칭이다. 말년에 자기 아이들에게도 이 이름으로 아빠를 불러주기를 원했다.

31) 비 Bi는 브레히트 청년시절의 애인이었던 파울라 반홀처 Paula Bahnholzer의 애칭이다. 반홀처는 브레히트의 첫 자식인 프랑크(1943년 전사)의 어머니이기도 하다. 브레히트는 1924년 그녀와 헤어진 후 다시는 그녀를 만나지 않았다.

32) 브레히트의 동료이자 연인이었던 이조트 킬리안 Isot Kilian. 1940년대 말부터 브레히트를 도왔던 킬리안은 1954년 여름 내내 휴가도 반납한 채 희곡 『억척어멈과 그 자식들』의 공연준비에 매달린다. 브레히트는 일에 대한 킬리안의 역정에 감복해 위의 시를 포함해 시 두 편을 그녀에게 바친다. 브레히트는 거의 모든 사람들이 휴가를 떠난 어느 여름 날 그녀가 아직도 남아 일을 하고 있으리라고는 상상도 하지 못한 채 극단에 들어선 것이고 그 곳에서 열심히 일하고 있는 킬리안을 보고 감탄하고 있는 것이다.

33) 베를린의 유명 병원. 브레히트가 마지막으로 입원했던 곳.

찾아보기

♣ **번역자** (가나다순)

김길웅
서울대학교 독어독문학과 졸업, 독일 뒤셀도르프대학과 베를린 자유대학에서 수학 후, 서울대학교 대학원에서 「브레히트 시의 변증법적 구조와 기능」으로 문학박사학위 취득. 현재 성신여자대학교 독어독문학과 교수로 문학과 문화연구 등을 강의하고 있음.

안상원
성균관대학교 독어독문학과 졸업. 독일 뮌헨대학교에서 수학했으며 성균관대학교 대학원에서 릴케 시에 관한 연구로 문학박사 학위 취득. 현재 성균관대학교 하이브리드미래문화연구소 수석연구원이며 독어독문학과 겸임교수.

이승진
한국외국어대학교 독일어과 및 동 대학원 졸업. 독일 칼스루에대학교에서 브레히트의 시에 관한 연구(「'도시인을 위한 독본' - '동의'를 위한 음반시집」)로 문학박사학위 취득. 현재 원광대학교 인문대학 유럽문화학부 교수.

이정준
성균관대학교 독어독문학과 졸업, 독일 뮌헨대학교에서 브레히트와 마리루이제 플라이써에 대한 연구로 석사, 박사 학위 취득. 현재 성균관대학교 문과대학 독어독문학과 교수.

정초왕
성균관대학교 독어독문학과 및 동 대학원 졸업. 독일 베를린 자유대학 수학. 성균관대학교 대학원에서 브레히트 시에 관한 연구(「어두운 시대의 시. 베르톨트 브레히트의 초기시 연구」)로 문학박사 학위 취득. 현재 전북대학교 인문대학 독어독문학과 교수.

브레히트 선집 6 시

초판 1쇄 인쇄 2015년 1월 12일
초판 1쇄 발행 2015년 1월 19일
엮은이 한국브레히트학회
펴낸이 박성복
펴낸곳 도서출판 연극과인간
서울시 강북구 수유2동 252-9
등록번호 제6-0480호(2000.2.7)
전 화 (02) 912-5000
팩 스 (02) 900-5036
homepage http://www.worin.net

ISBN 978-89-5786-367-1 (세트)
ISBN 978-89-5786-529-3 94810

값 20,000원